Nadja Kobler-Ringler

»Eigentlich bin ich ganz nett …«

Menschliches aus Anwalts Welt

mit Illustrationen
von Nina Krüger-Schmale

Nadja Kobler-Ringler

»Eigentlich bin ich ganz nett ...«

Menschliches aus Anwalts Welt

mit Illustrationen
von Nina Krüger-Schmale

Böhland&Schremmer Verlag

Vorwort

Unter meinem Foto in der Abizeitung stand als angeblicher Berufswunsch »Juristin«. Ich lachte schallend.

Wenn ich etwas niemals gedacht hätte, dann, einmal auf zwei Jahrzehnte als generalistische Einzelanwältin im ländlichen und städtischen Raum zurückzublicken. Ich wollte doch »Lehrer« werden, damals noch ein zulässiger Berufswunsch, auch für eine bekennende Frau.

Erst einmal wurde ich nichts, also nichts von beidem. Ich »lernte erst mal was« und »studierte ein bisschen herum«. So entstanden die *Torten und Schnittchen,* von denen noch zu lesen sein wird.

Ich betrachte die juristische Welt oft mit anderen Augen als die Kolleginnen und Kollegen ohne Lebenswegschlenker. Das gilt besonders, wenn diese mit Volkes Stimme umgehen.

Grund genug, die meine zu erheben, als in einem meiner Stammverlage Autorinnen und Autoren gesucht wurden.

Mit *Sag mal, wofür bezahle ich dich eigentlich?* schrieb ich mir zur Probe zwei Anekdoten vom Herzen, die mir stets noch den düstersten Arbeitsalltag erhellen.

Wie sich zeigte, nicht nur mir.

Von da an machte ich mir Monat für Monat schriftlich Gedanken – über brandgefährliche Lebensmittel wie Kaffee und Kuchen, Tiere wie den Amtsschimmel und so wichtige Fragen wie »Warum sind Sie denn krank?«.

Nach etlichen Kolumnen ist nun erst einmal Schluss mit lustig.

Zeit, ein Fazit zu ziehen. Merkwürdigerweise kommt

just die Frau, die nie Anwältin werden wollte, zu dem Schluss: *Ein Hoch(glanzmagazin) auf meinen Beruf!*

Nun ja, wie das so ist bei mir: Es wurde ein Buch draus.

Dabei wurden die in loser Folge veröffentlichten Texte überarbeitet und um drei bisher unveröffentlichte ergänzt.

I.

Pecunia non olet: Die Gebührenlitanei …

1. »Noch 'n Kaffee zum Recht?« – Der wohl gefährlichste Kaffee des Rechtswesens

Es ist eine alltägliche Situation: Anwältin oder Anwalt ist zum Mandantentermin eingeladen, der Gegenstand des Gesprächs bisher nur wenig konkretisiert. Nach der freundlichen Begrüßung an der Haustüre folgt der Gang ins Wohn- oder Esszimmer, wo einen bereits eine liebevoll gedeckte Kaffeetafel erwartet.

So weit, so schön.

Dann aber geschieht das, was diesen Kaffee so gefährlich macht: Das Gespräch schweift vom üblichen einleitenden Small-Talk ab, weitet sich aus und landet in der Lebens- und Familiengeschichte der Mandantin oder des Mandanten.

Die Zeit rennt, das Honorar steigt

Je nach Grund des anwaltlichen Besuchs kann das sinnvoll oder sogar wichtig sein, um den berühmt-berüchtigten Lebenssachverhalt, auf den schließlich der eigene Rat, die eigene Tätigkeit aufgebaut wird, umfassend zu ermitteln. Was aber, wenn die Zeit dabei verrinnt?

Anstands- und Bauchgefühl raten zur sanften Hinführung der Erzählenden zum Grund des anwaltlichen Besuchs – gar nicht so einfach mit dem herrlich handgebrühten Kaffee im Mund, von dem Anwaltsmensch angesichts der kanzleieigenen Kapselmaschine noch Tage später zu träumen beginnt.

Das Problem vergrößert sich Schluck für Schluck: die auseinanderfallende Erwartungshaltung von Erzählendem und Zuhörendem. Die anwesende *Mietschnauze* sieht sich beim Griff zur Tasse in die Zucker-Zange genommen, denn sie soll im Zweifel auf eine Honorarvereinbarung hinwirken – und diese ist in der Regel dann am fairsten, wenn nach Zeit abgerechnet wird.

In meinem Fall schloss sich an die dezenten Hinweise, die gewünschte Beratung zu Vorsorgevollmacht, Patientenverfügung und Testamentserrichtung werde sinnvollerweise nach Stunden abgerechnet, erst einmal eine Hausbesichtigung an. Einschließlich der hier sinnvollen und auch notwendigen Erzählung der Familiengeschichte.

Nach fast drei Stunden verabschiedeten die Mandantin und ich uns in bestem Einvernehmen und mit unterzeichneter Zeithonorarvereinbarung.

Erst in meiner Kanzlei erkannte ich, was Kaffee und Kuchen – neben einem veritablen Zuckerschock – noch hinterlassen hatten: ein dummes Gefühl in der Magengegend beim Eintrag der aufgewendeten Zeit ins Kostenblatt der Kanzleisoftware.

Kaffeetrinken ist doch keine Arbeit

Es kam, wie es kommen musste: Trotz spürbarer Anstandsreduktion der Termindauer in der Abrechnung war die Mandantin verärgert. Ach was, sie war stinkwütend! Hatten wir nicht nur Kaffee getrunken und das Haus besichtigt? Hatte ich denn – im Unterschied zu ihr – überhaupt gearbeitet?

Ob sie nun Gebühren-Recht hatte oder nicht, sie war im Recht und ich hinterrücks vom gefährlichsten Kaffee des Rechtswesens erwischt worden.

Es sollte eine Ausbildungseinheit *Gesprächsführung beim Kaffeetrinken in Mandatshaushalten* für angehende Rechtsanwältinnen und Rechtsanwälte geben. Einziger Inhalt: Vermittlungsstrategien für die Tatsache, dass Kaffeetafeln außer Zucker auch anwaltliche Arbeit enthalten und die dabei aufgenommenen Kalorien nicht von der Kostenrechnung abgezogen werden können. Schon gar nicht in Kilojoule.

Der Weg aus der Kaffee-Falle

Wie mache ich das heute? Mit dem Umkehrtrick. Nein, nein, ich behaupte keine Diät, keine Weißzuckerallergie, und ich verlege die Termine auch immer noch nicht in meine Kanzlei.

Aber ich freue mich bei Präsentation der Kaffeetafel laut und offen auf die Belohnung, die *nach* getaner Arbeit auf mich warten wird. Werde ich darauf hingewiesen, dass »dann ja alles kalt wird«, schlage ich eine feste Kaffeezeit vor, erkläre, warum mir das wichtig ist, und bringe so das Gespräch von ganz allein darauf, dass ich für meine Arbeit bezahlt werden möchte. Nach Zeit.

Was soll ich sagen? Frau M.s Donauwellen sind immer noch meine liebsten. Ich fürchte den Tag, an dem sie sich endgültig für einen Erbgang entscheidet, und sie vielleicht den Tag, an dem meine Besuche enden. Heute aber wissen wir beide, was uns das kostet: sie ein Honorar mit vereinbartem Kuchenabschlag und mich einen Extratermin im Fitnessstudio.

In diesem Sinne: Hoch die (Kaffee-)Tassen!

2. »Sag mal, wofür bezahle ich dich eigentlich?«

Sprachlos stehe ich vor meinem Mandanten. Wir duzen uns, ich kenne ihn seit Jahren, genau genommen seit meiner Kindheit.

Gerade ist die Türe des Gerichtssaals hinter uns zugefallen. Wir haben gewonnen. Einhundert Prozent der Klageforderung.

Ich hatte Lob erwartet, das übliche Angebot auf einen Kaffee.

Stattdessen diese Frage: »Sag mal, wofür bezahle ich dich eigentlich?« Er sieht mich finster, ja fast wütend an.

Als ich ihm die Antwort schuldig bleibe, hakt er nach: »Wofür bezahle ich dich?«

Ich bin völlig perplex.

Aus dem Gerichtssaal kommt der Kollege der Gegenseite geschossen. *Nota bene:* geschossen, nicht gegangen. Krachend fällt die Türe des Gerichtssaals hinter ihm zu.

Plötzlich ahne ich etwas, aber mein Mandant spricht schon weiter: „Du hast nicht mal gebrüllt."

Jetzt fällt es mir wie Schuppen von den Augen: Wir schreiben das Jahr 2010, im Fernsehen laufen täglich die Sendungen der Kollegen Salesch, Holt & Co. In jeder einzelnen Folge duellieren sich die Anwälte aller Couleur, dass die Fetzen fliegen.

Wir hatten einen echten Termin: Anträge aus der Akte, kurze Vergleichsverhandlung, gescheitert. Richterin nimmt's zum Spruch und sagt auch gleich, wie der nach Aktenlage ausfallen wird. Für uns, nur ohne Spektakel.

Wir sind tatsächlich bis heute befreundet, der Mandant und ich, und mein Mandant ist er auch immer noch.

Als ich ihm – bei einem Kaffee auf *meine* Einladung hin – erklärte, warum er so enttäuscht war, fing er an zu lachen. Erst glucksend, dann immer lauter. Über sich selbst. »Mensch«, fragte er dann, »wird dir das eigentlich nie langweilig mit uns?«

Nein. Auch etliche Jahre später ist es nicht langweilig. Vor allem die Kommunikation mit meinen Mandatsmenschen ist es nicht. Heute läuft sie allerdings geschliffener als damals. Ich weiß jetzt, dass ich meine Mandantinnen und Mandanten von ihren Brüllaffen-und-Gewitterziegen-Vorstellungen befreien muss, bevor wir vors Zivilgericht ziehen, und dass ich offenlegen muss, wie viel Arbeit im Hintergrund läuft, statt sie still zu machen.

Meine Dienstleistung muss, soll und darf sichtbar werden, weil mit ihrer Sichtbarkeit die Akzeptanz für meine Rechnung einhergeht. Genauso muss, soll und darf ich transportieren, dass ich emotionales Engagement der Betroffenen nach außen hin nicht teilen möchte, weil ihnen mit einer sachlichen Rechtsvertretung besser gedient ist.

Brillanz kommt nicht von Brüllen.

Mokiert sich eine Mandantin oder ein Mandant darüber, dass ich mich im Innenverhältnis lautstark aufrege, um nach außen scheinbar feige stillzuhalten, präsentiere ich mein bestes Beispiel für die Folgen einer allzu großen emotionalen Beteiligung – zugleich einer der wenigen Brüllaffen-und-Gewitterziegen-Vorfälle, die ich in den folgenden Jahren doch noch erleben durfte:

Herr Anwalt stritt um eine Krankenhausrechnung, die seine Frau erhalten hatte. Die Verhandlung zog sich, die Argumente waren längst ausgetauscht, der betreffende Kollege drohte für seine – und bei seiner? – Frau den Kürzeren zu ziehen. Angeschlagen, platzte ihm der Kragen: »Sie wissen doch, was auf so einer Station liegt! Geschlechtskrankheiten, Abtreibungen …« Seine Hand theatralisch zu mir hin ausgestreckt, dem einzig Weiblichen im Saal, gingen ihm Luft und Beispiele aus. »… die Kollegin kennt das doch alles!«

Was er da gerade gebrüllt hatte, wurde ihm (und mir!) erst klar, als auf die betroffene männliche Totenstille im Saal ein mahnendes Hüsteln des Richters folgte.

Der Kollege verlor endgültig Farbe und Fassung und stürmte wortlos aus dem Saal, der Richter unterbrach die Verhandlung, und ich verbiss mir mühsam das Lachen.

Der Kollege hat sich übrigens schon fünf Minuten später formvollendet entschuldigt – mit Blumenstrauß und Worten. Verloren hat er trotzdem, den Fall und eine gute Portion Selbstachtung.

Ne bis in idem, Herr Kollege, falls Sie das hier lesen sollten. Verjährt und vergeben. Sie haben mir eine wertvolle Lektion erteilt:

Nicht brüllen, brillieren!

3. »Ich wollte den Laden nicht kaufen!«

Die Entrüstung steht dem Mann ins Gesicht geschrieben.

Sein pikierter Gesichtsausdruck beruht ganz allein auf meinem Fehler: Ich habe meine selbstgesetzte oberste Regel verletzt: Erst erklären, *warum* es kostet, dann sagen, *was* es kostet.

Damals…

Erich Maria Remarque schildert in einem seiner Romane eindringlich, wie der Vater seines Helden verzweifelt Überstunden macht, damit die Krebserkrankung der Mutter 3. Klasse behandelt werden kann. Dabei wissen die Eltern nicht einmal, was an Behandlungskosten anfallen wird: Zutiefst beschämt, schrecken die einfachen Leute davor zurück, den behandelnden Halbgott in Weiß nach den Kosten für seine Arbeit zu fragen. Das gehe doch nicht, der könne sich doch womöglich düpiert fühlen, erklären sie dem Romanhelden.

… und heute

Die Zeiten, in denen Menschen mit gesenktem Haupt zum Anwalt oder zum Arzt gingen und dort kaum aufzublicken wagten, die Zeiten, in denen niemand auf die Idee gekommen wäre, die Angehörigen dieser Berufsstände nach Kosten zu fragen, sie sind – Himmel sei Dank! – lange vorbei. Längst müssen auch die einstigen Halbgötter die von ihnen geforderten Beträge erklären, robentragende wohl noch mehr als kitteltragende.

Just in die daraus entstehende Falle war ich getappt. Ich hatte schlicht vergessen, nicht nur einfach einen Preis zu nennen, sondern auch zu erklären, wie er zustande kommt.

Groß und klein

Ich muss das vielleicht noch mehr als andere, denn meine Kanzlei ist klein, und ich arbeite alleine. Das muss doch einfach billiger sein, als die Großkanzlei mit den vielen Mitarbeitenden es ist, rechnen sich Außenstehende oft aus.

Erklärungsbedarf

Dass hinter den Berufsträgerinnen und -trägern aller Kanzleimodelle derselbe lange Ausbildungsweg liegt, dass wir letztlich alle dieselbe Arbeit unter ähnlichen Rahmenbedingungen machen, das bedarf der Erklärung. Die Menschen, die uns aufsuchen, müssen das nicht wissen – wir schon.

Natürlich möchte ich mich trotzdem kostentechnisch nicht *ausziehen*. Ich tue es auch nicht. Ich frage, was die jeweiligen Interessenten beruflich machen und arbeite dann mit dem direkten Vergleich: Arbeitszeiten? Nacharbeiten und Papierkram? Urlaub? Krankheit? Bei den meisten Menschen stellt sich schnell Verständnis für die Höhe meiner Stundensätze und Pauschalhonorare ein.

Ich meine, dass bei der Frage der Kostentransparenz auch kein einziges Wort eines zu viel ist: Nur wer versteht, schätzt Wert. Nur wer wertschätzt, zahlt bereitwillig gutes Geld für gute Leistung. Und darauf kommt es doch letztlich an: Das erspart mir viel Zeit und Ärger und sichert mir meinen Lebensunterhalt.

Den Herrn mit dem vergrätzten Gesichtsausdruck kann ich übrigens doch noch für mich gewinnen. Er sei gerade Opa geworden, erzählt er. »Sehen Sie!«, befinde ich. »Was meinen Sie, was Ihr Sohn da noch alles anschaffen muss! Ich weiß das noch, mein Sohn ist gerade erst acht Jahre alt.«

Wir sehen uns an und verstehen uns blind: Er soll den Laden nicht kaufen – nur mieten, auf Zeit.

II.

Error in persona vel objecto: Was halt dazwischenkommt…

1. »Haben Sie nicht genug zu tun?«

Eine Passantin deutet auf die Aushänge im Schaukasten, die ich eben festmache. Inhalte: Die Ankündigung meiner nächsten Kurse (»Deutsch fürs Büro«), die Veröffentlichung eines Berichts zu einer Studie, an der ich mitgewirkt habe, und die Erscheinungstermine zweier Neuauflagen von Büchern unter meinem Namen.

Zugegeben, es ist schon schwer zu verstehen. *Anwalt* hat Fälle zu bearbeiten, zu und vor Gericht zu ziehen und viele Mandate zu haben.

Und ich? Ich habe da diese Anwaltskanzlei, schon seit mehr als zwanzig Jahren, und muss scheinbar immer noch »woanders Geld dazuverdienen«. So etwas vermuten gelegentlich sogar erstaunte Kolleginnen und Kollegen!

Der Fall ist nicht genug!

Bei meiner Vereidigung habe ich mir still geschworen, nie ein Mandat anzunehmen, nur weil mein Bankkonto das gerade lautstark fordert. Da war natürlich Kreativität gefragt, gerade am Anfang, um mir die kleinen Ideale, die Anwältin haben darf – haben sollte? – nicht gleich wieder abkaufen zu lassen. Ich gestehe also: In dieser ersten Zeit hätte der Verdacht gegriffen.

Mein bunt gewundener Ausbildungsweg bot mir indes genug Alternativen. Ich suchte und bekam Chancen und probierte aus. Ich tue das heute noch.

Die Akte ist nicht genug

Längst liegt die Wahrheit also woanders: Ich hätte heute anwaltlich mehr als genug zu tun, wenn ich es noch machen wollte (und könnte). Aber ich mag gar nicht mehr ausschließlich klassisch-anwaltlich tätig sein. Ich bin gerne Anwältin, gerne Generalistin – aber eben nicht nur.

So sind unter dem Dach meiner Kanzlei mittlerweile viele einzelne Tätigkeiten vereint: klassische Rechtsberatung und -vertretung für Handverlesene, die spannende Arbeit als freie Lektorin, vorwiegend für juristische Fachverlage, die oben angesprochenen Dozenturen und Kursleitungen und meine sporadische Forschungstätigkeit. Sogar mein Hobby hat, wie Sie gerade lesen, mittlerweile seinen Platz im Beruf gefunden: meine Schreiberei – unter meinem realen Namen, unter Pseudonym und als Ghostwriterin.

Entsprechend bunt gemischt sind die Aushänge, die sich im Schaukasten finden: Lesungen, Kurstermine, Buch- und Studienveröffentlichungen und, ja, manchmal sogar Rechtliches.

Rechtschamäleon?

Wer genau liest, merkt schnell, dass die Breite meines Angebotes nichts mit Sprunghaftigkeit oder selbstempfundener Alleskönnerei zu tun hat. Es ist die Universalität, des Rechts und der anwaltlichen Tätigkeit, die sich darin spiegeln. Wer viel hört, hat viel zu schreiben. Wenige ausgewählte Mandate lassen Platz für Lehr- und Forschungstätigkeiten. »Deutsch fürs Büro« ist nichts als ein griffiger Titel für das Verstehen und Nutzen rechtssicherer Formulierungen im Büroalltag. Fachbuch und Rechtswissenschaft gehören *zum Anwalt* wie eine zweite Haut: »Nie weiß 'e je alles«, hat ein rheinischer Ausbilder mir mal gesagt.

Ich bin also ein Rechtschamäleon: Ich bleibe immer dieselbe, nur in unterschiedlichen Schattierungen.

Die Antwort auf alle Fragen

Ich habe mir übrigens eine Antwort auf die titelgebende Frage zugelegt, die mein jeweiliges Gegenüber genauso verunsichert, wie mich damals die erste Frage dieser Art.

Ich lege den Kopf schräg, denke sehr betont nach und sage dann im Brustton der Überzeugung: »Na, ich muss doch auch mal was machen, was ich kann.«

2. »Wieso sind Sie denn krank?«

Jede Superheldin, jeder Superheld braucht sie, verliert ohne sie den Daseins-Berechtigungsschein: die fiese Weltverschwörung. Meine heißt *Krankheits- und Urlaubs-Fälle*.

Nein, ich meine nicht die menschlich und gesetzlich zugestandenen Rechte getreuer Weggefährten, in Kanzleien besser bekannt als Mitarbeitende. Ich meine diese Rechtsfälle, die mir den Kampf ansagen, indem sie just dann virulent werden, wenn Fernweh- oder Erkältungsviren es auch gerade sind. Dann – und nur dann – sagt mir die fiese Weltverschwörung den Kampf an. Das geht ungefähr so:

Fiese Weltverschwörung, Erscheinungsform #1
Ich Superheldin liege den zweiten Tag mit einem richtigen Fiesling der Gattung Erkältungsvirus im Clinch, da piepst das Klingeldings neben mir. Eine Textnachricht. Ob ich mal eben … also wegen der Sache, über die wir neulich gesprochen hätten …

Ich greife den Störenfried und texte schüttelfrostig zurück, mein Rechtsrat sei derzeit nicht keimfrei verpackt und somit nicht zum Verzehr geeignet. Ich sei nämlich krank.

»Krank?«, echauffiert sich das Klingeldings nur einen Nieser später. »Warum sind Sie denn krank?«

»Ja, warum denn nur?«, huste ich schniefend gen Himmel.

Die Antwort kommt mit einem Pieps. »Es ist wirklich wichtig.« Leider kommt sie aus dem Klingeldings, nicht vom Himmel. Ich brauche bloß fieberbedingt etwas, das zu begreifen.

Hundedackelblick-Herzchen-Herzchen-Bilder folgen.

Mein Superheldinnen-Gen ist aktiviert. Der Rest kapituliert. »Okay. Muss nur noch kurz die Welt retten«, kalauere ich hilflos und gurgele schon mal für den Rückruf.

Fiese Weltverschwörung, Erscheinungsform #2

Abgeschirmt und fern der Heimat, nach wochenlanger, mühevoller Vorarbeit dem Alltagstrott endlich entflohen, sitze ich am Strand und lasse Superheldinnenfüße und -seele baumeln. Im Sand vor mir vibriert etwas. Das private Handy, ich bin ja nicht blöd.

Der Blick auf das Unvermeidliche bestätigt: Das Büro bittet dringend um Rückruf.

Da ist sie, die nächste Herausforderung der Weltverschwörung. Denn natürlich ist gerade jetzt beim Mandanten A Mitarbeiter C auf Abwege geraten. Nicht, dass der nicht seit Monaten immer wieder Diskussionsgegenstand gewesen wäre – nein, jetzt, aber auch wirklich jetzt, keine Sekunde früher oder später, braucht es – mich.

Der Verdacht

Es sind gerade keine böswilligen Menschen, diese Mandantinnen und Mandanten mit ihren *Krankheits- und Urlaubs-Fällen*. Es sind wundervolle, langjährige Partnerinnen und Partner meines Kanzleibetriebes, und wenn ich am ersten Weihnachtsfeiertag ein kaputtes Auto habe, mein Rechner oder die Rollläden nicht mehr wollen, eilen sie mir umgehend zu Hilfe.

Diese Menschen sind – so meine Theorie – lediglich Spielbälle dieser fiesen Weltverschwörung, die dafür sorgt, dass diese wertvollen Menschen just dann meine Hilfe brauchen, wenn … na, eben genau dann.

Zu Hilfe …?! Oder nicht?

Ist doch irgendwie auch schön, erinnert mich mein großes Herz. Es braucht mich. Ich darf (mal wieder) die Welt retten. Dass ich das mag, wussten angeblich alle anderen lange vor mir und rieten zur im Juridicum zu absolvierenden Superheldinnen-Spezialausbildung *made in Germany*. Damit versehen, rette ich nun schon seit geraumer Zeit Mandatierenden die Rechtswelt in Dauerschleife. Familie, Freunde, Bekannte – sie alle kennen mich nicht anders.

Also raffe ich mich auf und rufe mir zu: »Wer, wenn nicht ich? Wenn nicht jetzt, wann dann? Chaka, ich kann …

… es ganz gut auch mal sein lassen.« So fahre ich den größten Sieg ein, den mein Superheldinnendasein kennt: den über die fiese Weltverschwörung und ihr für mich erdachtes Kryptonit.

Auf die *Krankheits- und Urlaubs-Fälle* hereinzufallen sorgt nämlich dafür, dass meine Kräfte alsbald kräftig nachlassen. Dann, finde ich, bin ich mein Heldenhonorar nicht einmal mehr halbwegs wert. Ich brauche Ruhe und Erholung, um mich wieder aufzuladen. Für diese Zeit – so schwer ich es mir als Superheldin auch eingestehen kann – gibt es tatsächlich tausend andere Superheldinnen und -helden. Gesunde und erholte noch dazu. Sie heißen *Kolleginnen und Kollegen*. Einer oder eine ist immer da, die Welt zu retten.

»Nicht mit mir!«, rufe ich der ominösen Weltverschwörung also entgegen, bevor ich den heißen Kopf wieder auf Kissen oder Strandlaken zurücklege und meinen Sieg genieße.

Triumphale Schlussmusik.

THE END

Abspann-en

3. »Sagen Sie mir bitte, was ich hören will!«

Als ich auflege, vibriere ich vor unterdrücktem Lachen. Mein liebster und langjähriger Kooperationspartner, Steuerberater seines Zeichens, hat mich gerade mit dem Spruch des Tages davor bewahrt, statt vor unterdrücktem Lachen vor ebenso unterdrückter Wut zu platzen.

Geht nich, weil is nich

Vorausgegangen ist dem ein gemeinsamer Video-Beratungstermin, erbeten von einem neuen Mandanten. Eineinhalb Stunden lang haben Herr Steuerberater und Frau Anwältin versucht, dem angehenden Mandanten klarzumachen, dass das, was er sich vorstellt, schlicht nicht zu bekommen ist. Selbst unter Aufbietung allen Sachverstandes, unseres eigenen und fremden nicht. Nicht so, nicht bei den tatsächlichen, rechtlichen und steuerlichen Gegebenheiten. Kurz: Geht nich, weil is nich! Nicht schwer zu verstehen. *Eigentlich.*

Die beiden alten Berufshasen haben gegenüber dem Mandatsanwärter trotzdem alles gegeben, haben erklärt, dargelegt, aufgemalt, vorgelegt, bewiesen. Der Lohn der Mühe ist ein Satz, den beide in den letzten Jahren immer häufiger zu hören bekommen: »Dann frage ich eben jemand anderen.«

Meinungstrendsetter?

War das schon immer so? Oder ist es ein Trend der letzten Jahre? Ich weiß es nicht. Was ich bemerke, ist, dass es für viele immer schwieriger wird, (Fach-)Meinungen gelten zu lassen. Besonders, wenn sie von den eigenen abweichen. Dafür vergibt doch niemand Likes!

Wie trotzige Kinder schleudern diese Menschen ihren Gesprächspartnern ein »Aber …« nach dem anderen entgegen, sperren sich gegen jeden Rat, wiewohl sie ihn ja selber gesucht haben. Nur unter falschen Vorzeichen, mit der falschen Erwartungshaltung: »Es muss doch geben, was ich will! Sonst gibt's hier kein Mögen, kein Liken.« Anders formuliert: »Sagen Sie mir bitte, was ich hören will!«

Egal, wie humorvoll, ruhig, bestimmt und psychologisch geschult es auch vermittelt wird, etliche Mandatskandidatinnen und -kandidaten sind heute nicht mehr davon zu überzeugen, dass es eine andere Rechtswirklichkeit oder -auffassung als die ihre geben könnte. Sie suchen weiter, durchkämmen den Markt, lokal, im Netz und wer weiß noch wo, um den oder die Partnerin fürs Streiten zu finden.

Rechthaber sucht Rechtsbeschaffer

Manchmal überlege ich ernsthaft, eine hochspezialisierte Partnervermittlung genau dafür zu gründen. Anzeigen lauteten dann ungefähr so:

»Rechthabender rechtsschutzversicherter Mittdreißiger sucht rechtsverschaffenden Partner mit langjähriger Rechtsbeschaffungserfahrung zur Gründung einer gGmbH-auf-Aktien-Genossenschaft für dauerhafte Beziehung, Anerkennung neuer gesellschaft(-srecht-)licher Lebensformen nicht ausgeschlossen.«

Der Witz am Witz ist: Diese Mandantinnen und Mandanten werden schon jetzt oft genug fündig. Manchmal bekommen sie sogar Recht – im wahrsten Sinne des Wortes. Sie *haben* es nicht, sie *bekommen* es bloß. Das geht. Wie bei Quengelkindern in der Kassenschlange, Variante *Frag-einen-Richter.de:* »Hier! Nimm das Urteil, und jetzt ist aber Ruhe.«

Den Nutzen nutzen?
Bin ich also wirtschaftlich dumm, diese Klientel nicht von Anfang an anzunehmen? Ich brauche doch nur eine Unterschrift, mich haftungstechnisch abzusichern, und kann losmarschieren und Geld verdienen. Gut, über die Erfolgsaussichten-Prognose für die Rechtsschutzversicherung müssten wir noch mal reden, aber … na ja.

Mag sein.

Mag ich aber nicht. Da bin ich trotzig. Auch zig Jahre im Rechtswesen haben mein rotblond-naives Wertesystem nicht grundlegend verändert: Ich will mögen, was ich tue, und *damit* erfolgreich sein. Meinen Mandantinnen und Mandanten nutzen, notfalls auch gegen deren Willen. Stichwort: *Trotzkind.*

Entschuldigung, das ist für Social-Media-Quengler so natürlich unverständlich. Onlinetauglicher formuliert: Mein *Mindset* ist eher *Out-of-the-box-Thinking* mit *Impact* auf *Clean Acting* und ganzheitlichem *Win-win-Consulting. No cringe.*

Verstehen Sie mich jetzt besser?

Nein? Ich mich in der Sprache auch nicht.

Do more of what you like (for likes)!
Lassen wir also das Verbiegen, sprachlich und inhaltlich.

Ich bin frech und like mich einfach selber. Ich sage mir einfach, was ich hören will, nämlich dass ich meinen Job gut mache. Und mache mehr als nur die klassische Generalisten-Forensik. Like! Lehre und lektoriere und schreibe. Like! Like! Like!

Bei so vielen Likes kann ich mich zurücklehnen und entspannt losprusten, wenn Herr Steuerberater dem weitersuchenden Quengelmandanten mal wieder todernst mit auf den Weg gibt: »Fragen Sie doch heute Abend mal am Tresen. Ich bin sicher, da bekommen Sie Recht.«

Recht hat er.

Like!

4. Eile mit Weile – Fahnenschwenken im Mandat

Dass juristische Fachbegriffe ein subjektives und ein objektives Element aufweisen, ist mir Anwältin nichts Neues. Nur beim Thema *Eilbedürftigkeit* scheint mir das Wissen um deren subjektive und objektive Tatbestandsmerkmale immer wieder abhandenzukommen.

Das subjektive Element der Dringlichkeit

»Die Mandantin sagt, es sei eilig.« Mein netter menschlicher Anrufbeantworter wartet keine Zustimmung ab, bevor er durchstellt. Leider hat die eilige Dame bereits aufgelegt. Vermutlich war inzwischen meine Antwortfrist abgelaufen.

Die Verbindungsanzeige enthüllt eine Gesamtdauer des Gesprächs von 58 Sekunden.

Ich bin begeistert. Prokrastination ist ja so was von vorgestern, Zeit ist Geld und nicht zu verschwenden. Chapeau!

Ein paar Arbeitsminuten später trudelt eine E-Mail ein. Ich möge bitte anrufen. Es sei unglaublich dringend. Selbstverständlich ist die Mail mit rotem Fähnchen versehen.

Ich rufe zurück, 10 Sekunden nach dem Gong, der den Mail-Eingang verkündete. Die nette Anrufbeantworterin am anderen Ende der Leitung verweist mich dienstbeflissen auf den bereits eingetretenen Feierabend, ich im Gegenzug auf die als eilig eingegangene E-Mail. Wir einigen uns auf einen sofortigen Anruf auf dem Mobiltelefon der eiligen Mandantschaft.

Die hebt auch gleich ab. Sie sei beim Friseur, verkündet sie, danach bei der Kosmetik. Ich stammele störungsschuldbewusst etwas von ihrer rotbefahnten

Mail mit Dringlichkeitscharakter. »Ach«, meint sie, und ich kann ihr Achselzucken förmlich hören, »das schreibe ich immer so.« Sie habe dann jetzt auch Feierabend. *Nice.*

Wer eilt, ist wichtig?

Solche Szenen wiederholen sich, leider mit zunehmender Frequenz. Jedes Mal fühle ich mich naturgemäß unglaublich wertgeschätzt. Schon als Berufsanfängerin verstand ich beim grußlosen Durchrauschen der Partnerlöwen durch den Flur: Wer eilig tut, scheint wichtig. Erst später trat die Erkenntnis hinzu: *Schein* ist nicht *Sein.*

Schein und Sein – die objektivierte Eile

Dem alarmierenden Klang des gesprochenen Wortes entspricht das rote Fähnchen an der E-Mail, der rote Punkt am digitalen Dokument oder – für die, die das noch nutzen – die rote Umlaufmappe mit dem riesigen schwarzen »EILT SEHR! BITTE SOFORT VORLEGEN!«–Aufdruck im grauen Behördenalltag.

Was sich darin befindet, muss, das sollte einem bewusst sein, der Aufschrift nicht entsprechen. Sie soll nur Anreiz bieten, hineinzusehen. Ein Trigger sein für fristgetrimmte, haftpflichtversicherungsgebeutelte Juristinnen und Juristen, so, wie die Aufschrift »GEHEIM« für ambitionierte investigative Journalistinnen und Journalisten.

Nun ist Falschbezeichnung kein Straftatbestand, sondern – wenn nicht gar unschädlich – nur ein Irrtum. Oft genug ein von Mandats- und Anwaltsmensch gemeinsam gehegter. Schließlich: Während in eiligen Hüllen oft wenig Dringliches steckt, kommen wirklich eilige Anliegen oft auf leisen Sohlen daher.

Beim zu fällenden Eilentscheid ist also anwaltliche Vorsicht geboten.

Wie nun weiter?

Meiner Eilentscheidung steht, nach einem objektivierenden Hab's-gesehen-Klick, seit Jahren ein dem berühmten Schriftsteller Stephen King zugeschriebener Aphorismus bei: »Fool me once, shame on you. Fool me twice, shame on me. Fool me three times, shame on both of us.« (Grob übersetzt: »Hältst du mich einmal zum Narren: schäm dich. Hältst du mich zweimal zum Narren, sollte ich mich schämen. Hältst du mich dreimal zum Narren, müssen wir uns beide schämen.«)

Kurzgefasst: Ich lasse die Unschuldsvermutung gelten, aber lerne aus Erfahrung. Die Dame mit den selbst eingestandenen Dauer-Fähnchen an den E-Mails wird mich wohl so schnell nicht mehr vom Feierabend abhalten. Andere Rotfähnchen-Versender sehr wohl.

Akutmaßnahmen

In akut überfordernden Lagen mit anschließendem Adrenalinabsturz neige ich allerdings zu schwarzhumorigen Übersprungshandlungen: Ich greife zum Telefon und rufe meine Lieblingsärztin an. Es sei eilig, sage ich ihr mit Blick auf die Tafel mit der durchschnittlichen Lebenserwartung meines Jahrgangs und Geschlechts – die zeigt nur noch Jahrzehnte! – »Sehr, sehr, eilig«, füge ich wahrheitsgemäß hinzu. »Ich sterbe fast.«

Sie lacht. »Keine Eile. Du kannst auch so rüberkommen. Kaffee ist fertig.«

5. »Sag mal, wie ist denn das?«

Ich muss es einmal öffentlich eingestehen: Ich liebe und ich fürchte diesen Gesprächseinstieg gleichermaßen. Vor allem in meiner spärlich gesäten Freizeit.

Ich bin Anwältin, ich muss Bescheid wissen. In jeder Lebenslage und zu jedem Lebenssachverhalt kann ich mich äußern, mein Wissen einbringen, ja sogar »Recht sprechen«. Ich lebe schließlich davon.

So weit die Erwartungshaltung der Fragenden.

Freud und Leid eng beieinander

Schön, eigentlich. Diese Erwartungshaltung zeugt zunächst einmal von einem tiefen Grundvertrauen in unseren Berufsstand, in unsere Fähigkeiten und irgendwie ja auch in die Personen dahinter. Also auch in mich.

Ich mag mich durchaus auch auf Diskussionen zu Recht und Gerechtigkeit einlassen. Würden sie mich nicht reizen, hätte ich einen anderen Beruf.

Dumm nur, dass ich bei der Vergabe des Prädikats allwissend zu spät »Hier!« geschrien habe. Gut, böse Zungen attestieren mir gelegentlich, ich erweckte den Anschein, rechtzeitig genug gerufen zu haben. Aber das ist natürlich blanker Neid.

Nein, ich kann oft genug die in mich gesetzte Erwartung nicht erfüllen. In der beschriebenen Situation auch dann nicht, wenn ich weiß, wo's steht.

Ganz abgesehen davon: Alle juristisch Tätigen kennen die Gefahr, sich vorschnell zu einem mal eben so dahinerzählten rechtlichen Sachverhalt zu äußern und dabei unabsichtlich eine mandatierte Kollegin oder einen mandatierten Kollegen in die sprichwörtliche Pfanne zu hauen. Unserem Berufsstand sind abweichende Meinungen schließlich immanent.

Anfänglicher Dreistufenplan zur Rufrettung
Vor die Wahl gestellt, entweder in Details einsteigen zu müssen oder mit – echtem oder vorgeblichem – Nichtwissen den eigenen Ruf anzukratzen, werde ich kreativ.

Zu Beginn meiner Tätigkeit verwies ich zuerst immer darauf, dass ich gerade »anwaltlich außer Dienst«, dann und dann aber sicher wieder im Büro erreichbar sei. Garniert mit einem möglichst breiten freundlichen Grinsen, versteht sich.

Weniger empathischen Menschen genügte zumeist der darauffolgende Hinweis, dass guter Rat in diesem Fall teuer sei und sie ja selbst darauf hingewiesen hätten, dass ich mein Geld damit verdiente.

Beharrlichen »Ja, aber sag doch mal«-Menschen bot ich an, ihnen das angeblich genau zu ihrer Frage existierende Eintausendfünfhundert-Seiten-Fachbuch zum Durcharbeiten auszuleihen, um meine Antwortzeit zu verkürzen.

Das war so weit ganz okay.

Planänderung
Im Laufe meiner Tätigkeit wurde mir allerdings immer bewusster: Solche Erwartungen treffen nicht nur den Juristenstand – bei Weitem nicht.

Ich erinnere mich mit breitem Lächeln an ein festliches Abendessen in großer Runde, bei dem ein anwesender Zahnarzt in diverse hastig geleerte Münder blicken durfte, um den dazugehörigen Menschen Fragen zu ihrer Zahngesundheit zu beantworten.

Mein Vater ist Arzt und kann schon seit Studienzeiten in aller Seelenruhe weiteressen, während seine Umgebung mehr oder weniger appetitliche Krankheiten *en gros et en détail* vor ihm ausbreitet.

Alle Lehrenden und Pädagogen erhalten im Millisekundentakt Berichte über die schulische Entwicklung aller Sprösslinge der Umgebung und sollen sich dazu äußern.

Den Handwerkern unter uns geht es auch nicht viel anders.

Strategieänderung

Seit mir das bewusst geworden ist, ist der Dreistufenplan zum Notfallplan geworden. Werde ich bei unpassender Gelegenheit nach meiner beruflichen Meinung gefragt, ziehe ich die Augenbrauen bis an den Haaransatz hoch und kontere, ohne auf die Vorfrage einzugehen:

»Sag mal, du bist doch das und das. Wie ist das denn, wenn…?«

Sie glauben gar nicht, wie schnell das wirkt.

6. »Schweig, o Mandant!« – Was anfangen mit einem Zuviel an Wissen?

Karneval steht vor der Tür. Noch nicht der Straßen-, aber der Sitzungskarneval. Ich liebe ihn, aber beruflich macht er mir ein wenig Angst. Das liegt an einem Vorfall aus einer Session, in der ich gerade selbstständige Anwältin geworden war – für meine Umgebung noch Gesprächsthema. »Dat Kind is jetzt Anwalt.«

Einführung in die Rechtswirklichkeit

Dat Kind, also ich, saß zur Prinzenproklamation mit im Festzelt, erstmals aufgerückt an den langen Tisch der Lokalprominenz ortsansässiger Unternehmer. Es dauerte auch nicht lange, bis neben dem Programm auf der Bühne auch das Gespräch am Tisch in Fahrt kam. In allerbester Absicht begannen die Hüter des Ortes, *dat Kind* mal darüber aufzuklären, »wie das denn in Wirklichkeit so ginge«, also das mit dem Recht.

Der neben mir sitzende ortsansässige Steuerberater und unser netter Polizist in der Runde waren deutlich erfahrener als ich. Sie entdeckten schon bei den ersten Sätzen »rein zufällig einen guten Bekannten an der Theke« und verschwanden »auf ein Bier« zu ihm.

Der Rest des Tisches beugte sich und das Recht fortan fröhlich allein weiter.

Hörsturz, bitte!

Das kindliche Organ der Rechtspflege wünschte sich plötzlich multiples Organversagen – angefangen von sozialem Hörsturz bis hin zu akutem Gedächtnisverlust. Irgendwo in ihm verlangte das Rechtswissen lautstark Beachtung, was mit (halb-)privat erlangtem Unrechtswissen zu geschehen habe, wo und wann das Anwaltsgeheimnis beginne, vor allem aber, wo es ende. Ganz abgesehen von der Frage der persönlichen Moral bezüglich der mir von den Karnevalsseligen so charmant offenbarten *Kostensparmodelle*.

Ich erinnerte mich des Ausspruchs eines meiner Ausbilder: »Mach mich nicht bösgläubig.« Damals hatte ich ihn für die Ansage an einen seiner Mandanten schlankweg verurteilt – an diesem Abend im Festzelt fand ich den Satz plötzlich phänomenal, nur leider den Mut nicht, ihn in Festzeltlautstärke zu wiederholen.

Herrjöttchen, hilf!

Aber der Rheinländer ist ja bekanntlich mit seinem »Herrjöttchen« per Du und daher nie *perdu*. Von irgendwo *da boven,* also von *da oben,* sandte mir jedenfalls jemand eine freche Idee.

»Ich mache euch ein Angebot, das ihr nicht ablehnen könnt«, unterbrach ich den Redefluss meiner Tischnachbarn. Die etwas verschreckten Gesichter am Tisch versicherten mir: Jeder Pate wäre ob meiner Stimmlage stolz auf mich gewesen.

»Meinen Stundenlohn zuzüglich Umsatzsteuer und Auslagen – und nur auf Rechnung.« Auf die entsetzt-verständnislosen Blicke hin fügte ich hinzu: »Dafür, dass ich ab Montag jedem einzelnen von euch bei mir in der Kanzlei erkläre, was da verbockt wurde und wie wir das wieder geradebiegen. Vernünftig geradebiegen.«

Was soll ich sagen? Ein paar kamen tatsächlich. Der Rest meidet die brenzligen Themen in meiner Gegenwart seitdem geschickt oder fordert mich lieb auf, »doch mal gerade wegzuhören.« Mit beidem kann ich leben.

Seiltänzers Balanceakt

Natürlich gibt es kein Patentrezept für solche Situationen. Selbst berufene Ethikausschüsse diskutieren sich bei diesem Thema immer wieder die Köpfe heiß.

Das Herrjöttche mit seinem Dat-hätt-no-immer-jot-jejange-Credo ist leider auch keine Dauerlösung, außer in der Hinsicht, einem den Mut zu verleihen, wie mein damaliger Ausbilder zu handeln und – ganz gegen anwaltliche Gewohnheit – Mandatierende nachdrücklichst um Stillschweigen zu ersuchen.

Das alles bleibt ein Seiltanz zwischen Vertrauen und Grenzziehung, jedenfalls dann, wenn das Offenbarte, wie im damaligen Fall, vielleicht bedenklich, aber sicher nicht strafrechtlich relevant oder gar kriminell ist.

Silentium!

Bevor ich es vergesse: Das gilt natürlich auch für diesen Text. »Sizilium!«, wie Heinz Erhardt so schön bat.

Wir verstehen uns?

III.
Coram publico – Anwalts Welt

1. »Eigentlich bin ich ganz nett …«

Es ist ein komisches Gefühl, das mich den titelgebenden Satz sprechen lässt, während ich der netten Kosmetikerin meine Visitenkarte überreiche. Sie möchte anrufen oder mailen, wenn in ihrem vollen Terminkalender ein Platz frei wird. Ich überreiche die dienstliche Karte, also die mit dem unverkennbaren Paragrafen-Logo meiner Kanzlei darauf. Ich habe erst gar keine private, identifiziere mich mit dem, was ich bin: Anwältin.

Erfahrungswerte?!

Die nette Dame mir gegenüber lacht laut über meinen Satz. »Das hab ich ja noch nie gehört!«, prustet sie.

Ich bin überrascht. Liege ich mit meinem dummen Gefühl, etwas klarstellen, einen Verdacht zurückweisen zu müssen, falsch?

Na ja, es verlieren schon etliche, insbesondere nette kundinnen- und kundenorientierte Dienstleisterinnen und Dienstleister, beim Anblick meiner Karte ihren freundlichen Gesichtsausdruck und die offene Körperhaltung. Ihr Lächeln wechselt von *echt* zu *professionell*. Bloß nichts Falsches sagen! Da steht eine Anwältin!

Wir alle werden wohl auch mit Geschichten von den (angeblichen) Kolleginnen und Kollegen konfrontiert, die schon bei der Terminbuchung auf die nach Paragraf soundso gegebene Unverbindlichkeit aufmerksam machen, die danach den Hinweis, bei Verhinderung bitte abzusagen, mit einem überheblichen »Und was wollen Sie sonst machen?« quittieren und die schon im Voraus wissen, dass sie nicht zufrieden sein werden. Was sie, notfalls schriftlich und auf einem schicken Briefbogen, auch äußern werden.

Ausnahmeerscheinungen

Natürlich sind diese Leute Ausnahmeerscheinungen, und meist sind sie nicht einmal wirklich vom Fach. Aber sie fallen eben leider besonders auf, passen ins Bild, bleiben im Kopf. Genauso, wie schlecht geschriebene Serienanwältinnen und -anwälte, Internetgroß- und Gerichtslautsprecherinnen und -sprecher.

Wenn ich mich bisher ganz unbewusst beim Karteüberreichen fremdschämte, dann halte das Publikum mir zugute, dass ich das ganz offen mit der Dienstkarte tat. Keine fünfzig Silberlinge und auch kein unbeschwerter Kosmetiktermin ließen mich verleugnen: Ich gehöre dazu. Also, zu dem Berufsstand. Okay, manchmal auch zu den schlecht Schreibenden und gelegentlich auch zu den Besserwissenden.

Auswirkungen

Gerne darf kommentiert und diskutiert werden, ob ich nicht zu wenig Selbstbewusstsein hätte und mich halt einfach nicht für andere schämen sollte. Ist doch gut, wenn Kolleginnen und Kollegen vehement auftreten, den Berufstragenden damit ein gewisses Maß an Achtung verschaffen. Eine Art Die-kannst-du-nicht-über-den-Tisch-ziehen-Wissen vermitteln, das vorsichtig(-er) macht.

Tja, aber die Kehrseite, nun namens Klischee, wirkt dann auch *gegen* mich.

Vor allem der hässliche Gebührengeier macht mir zu schaffen. Er springt, von als unverschämt und gierig empfundenen Berufsgenossen hervorgebracht, auf meinen Kanzleitisch, wetzt seinen Schnabel und erschwert mir die Durchsetzung meiner Honorarforderungen.

Das Auftreten der einen schürt den Verdacht gegenüber den anderen. Der Erklärungsaufwand vergrößert sich, das Vereinbaren eines Gebühren- oder Stundensatzes wird zum Begründungs- und Rechtfertigungsparcours.

Manchmal fühle ich mich fast verpflichtet, ein ganzes Berufsbild gerade zu rücken, und wenn ich dabei nicht höllisch aufpasse, ergeht es mir wie seinerzeit Loriot: »Das Bild hängt schief«, ich rücke es in bester Absicht gerade – und am Schluss ist der

Raum verwüstet. Das zu verhindern kostet. Zeit und viel positive Energie.

Fazit

Gegen die Negativausreißer, die in den Köpfen bleiben, ist kein Kraut gewachsen. Manchmal kommen Dinge auch falsch an. Oder Menschen sind, wie ich, Sensibelchen im Bereich Mitschämen.

Immerhin bin ich modebewusst: Ich handele jetzt proaktiv! Ich reiche die Karte und überspitze den titelgebenden Satz ins Ironische. Das nachfolgende gemeinsame Lachen bricht jedes Klischee. Dann füge ich betont schein-seriös hinzu: »Aber ich kann auch Anwalt.«

Wissen Sie, was dann passiert?

Die Menschen im Umfeld rücken entrüstet mein scheinbar doch so schiefes Berufsbild gerade. »Also *ich* hatte ja eine total liebe Anwältin/einen total lieben Anwalt als ...«

Ich lege den Kopf schräg und grinse. »Sehen Sie«, entgegne ich, »eigentlich sind wir ganz nett.«

2. Von Torten und Schnittchen – Wie ein Lebenswegschlenker zum Berufsjoker wurde

Nur, um gleich jeden Anfangsverdacht zu zerstreuen: Ich werde mich an dieser Stelle nicht abfällig über Kolleginnen äußern. Nein, die *Torten und Schnittchen* dieses Textes sind ganz ordinäre Lebensmittel bzw. Zeichnungen davon.

Zeichnungen, die mir schon mehr als einmal (Achtung, jetzt doch!) metaphorisch den Hals gerettet haben. Dann triumphiere ich, ausnahmsweise und still, über all jene, deren Lebensweg ohne Umwege in den ministerialen Prüfungssaal des Zweiten Staatsexamens geführt hat.

Meiner machte einen Schlenker. Nach der Abschlussprüfung meiner Ausbildung war mir nicht mehr nach Zahlen und Paragrafen, Menschen waren mir näher gerückt. So fuhr ich – ironischerweise geradeaus – an der juristischen Fakultät vorbei, rechts ab zu meinem Schlenker geradewegs (!) in die Erziehungswissenschaft. Germanistik und Geografie *auf Lehramt.*

Die anfangs als verschenkt empfundene Zeit bis zur Ankunft im Juridicum ist heute eine meiner wertvollsten. Neben der Lebenserfahrung, die ich sammeln durfte, schnupperte ich auch Wissensvermittlungstechniken – allen voran die, die mich immer schon begeistert hatte: Be-Greifen zum Begreifen, oder, anders ausgedrückt: Anschauung, Haptik.

Cross-over und die Folgen

Meine erste – Achtung Filserdeutsch! – Cross-over-Experience hatte ich im Oberseminar zum Baurecht. Ein Vortrag war zu halten, es ging, grob gesagt, um das Einfügen von Bauvorhaben in die Umgebungsbebauung. Ein trockenes Thema. Staubtrocken. Totlangweilig, bestimmt an einem Mittwochabend, 20 Uhr, im Frühsommer, mit einer Hofgartenwiese voller Gelächter in Hörweite.

Eine Idee musste her, das Ganze aufzuwerten.

Es endete mit einer Handvoll Häusern und Hotels aus einem berühmten, völlig eingestaubten Brettspiel. Eine Reihe grüner Häuschen auf dem Rednerpult, den Rest an die Mitseminaristen verteilt, den Vortrag angepasst.

Er war ein Kracher. Alle, aber wirklich alle, machten den Spaß mit, nach meiner Anweisung passende und unpassende Straßenzüge zu basteln und rechtlich zu beurteilen. Am Schluss ging jemand grünes und graues Papier holen, damit wir das Thema auf Innen- und Außenbereiche ausweiten konnten.

Ich war angefixt. Danke, Maria Montessori!

Torten aus Knete und Papier

Die Häuser und Hotels brauche ich heute nicht mehr so oft. Häufiger schon den Geburtstagskuchen aus Knete meines Sohnes. Er ist (abgesehen von den schon einmal erwähnten Donauwellen einer Mandantin) meine liebste Torte. Notfalls reichen mir aber auch ein Blatt Papier und ein Stift, um eine aufzumalen. Zur Deko genügen dann Centmünzen oder was immer ich in Reichweite habe.

Schon eine Idee, was ich damit anfange?

Natürlich. Kolleginnen und Kollegen werden es nicht viel anders machen, wenn sie Menschen das Prinzip *Vermögen des Erblassers und Erbquoten* erläutern. Ob sie nun Dekokirschen-Nießbrauchsrechte einfügen (drauf aufs Tortenstück) oder löschen lassen (runter damit) wie ich, oder ob sie da andere Ideen haben – völlig egal.

»Hilf mir, es selbst zu tun!«

Hauptsache, sie helfen Laien, es selbst zu tun. Spätestens, wenn bei einer Beratung die Mandantin oder der Mandant die *Torte* von mir einfordert, um selbst zu basteln – sprich: den eigenen Vorschlag zu unterbreiten –, bin ich in Sicherheit.

Ja, richtig, in Sicherheit. Denn abgesehen von der entspannten Atmosphäre, die das Ganze schafft, schaffe ich mir damit auch die Sicherheit, dass ein komplexes rechtliches Thema tatsächlich durchdrungen wurde, mir also nie der Vorwurf »Das habe ich damals so nicht verstanden« entgegengehalten werden kann.

Wer »Wofür bezahle ich dich eigentlich?« schon gelesen hat, der weiß, wie wichtig die Akzeptanz der Leistung auch für die Akzeptanz der zu begleichenden Rechnung ist. Eine weitere Sicherheit, die ich mir spielerisch erschaffe.

Bausteine staunen

WEG-Recht funktioniert mit einem Puppenhaus, Verkehrsrecht wird seit jeher mit Streichholzschachtel-Autos nachgestellt. Oder auch mit fränkischen Plastikfiguren mit Helmfrisuren.

Es gibt Millionen Wege, dieses oft so abstrakte, komplexe und dem Gerechtigkeitssinn des Laien oft widersprechende Thema *Recht* zu vermitteln. Nutzen wir sie.

Der Lächerlichkeit preisgegeben?

Es macht uns Erklärende auch nicht lächerlich, wie mir oft entgegengehalten wird. Gesellschaftsrecht erläutere ich gerne mit den Plastikbausteinen aus Dänemark. Selbst eine Konzernstruktur wird so *be-greifbar.* Irgendein nettes Elternteil am Tisch kriegt es immer hin, ein Dach für mich zu konstruieren. Statt Gelächter zu ernten, werde ich oft gefragt, ob meine Idee bei nächster Gelegenheit kopiert werden dürfe.

Abgesehen davon, dass dieses Vorgehen nie meine originäre Idee war, ich nur anwende, was andere vorgedacht haben: Das Ganze ist längstens eine eigene wissenschaftliche Disziplin: *Juristische Didaktik*.

Kolleginnen und Kollegen bewegen sich also auf höchstem Niveau, wenn sie mal wieder mit Knete, einem Puppenhaus oder Bausteinen spielen. Und: Das berühmte Brettspiel mit den Häusern und Hotels – das spielen wir doch eh alle, oder?

3. »Darf ich's wagen, Sie zu fragen?« – Wandel einer Kommunikationsform?

Ich stamme aus einer Lehrerdynastie. »Frag halt, wenn du was nicht weißt!« gehört zum fest verinnerlichten Repertoire von Kindern solcher Dynastien. Also auch in meins.

Frage, wem Verstand gegeben!

Selbstverständlich soll, kann und darf mir jede und jeder jede Frage stellen. Was ich nicht beantworten kann oder mag, sage ich offen. Seit Jahren kämpfe ich darum, meinen Beruf, seine Hintergründe, Möglichkeiten und Grenzen anderen verständlich zu machen. Meinen Mandantinnen und Mandanten natürlich, am liebsten aber jungen Menschen. Die fragen gerne und meist ohne Ende, jedenfalls aber so lange, bis ich an meine Erklärungsgrenzen komme. Irgendwo auf oder hinter diesen Grenzen liegt zumeist der sprichwörtliche Hase im Pfeffer, heißt: Da liegen die echten, noch zu lösenden Probleme des Rechts. Wunderbar!

Genauso, wie ich die Fragen anderer aufnehme und begrüße, möchte ich meine gerne beantwortet wissen, wenn ich mal etwas nicht weiß. Soll vorkommen – trotz berufsbedingter Recht-Haberei.

Schweigen ist Gold?

Selbstverständlich ist das mit der allgemeinen Frageerlaubnis heute nicht (mehr). Weit gefehlt zu glauben, mit der Bitte um Auskunft oder gar Hilfe offene Türen einzurennen! Stattdessen zeigen sich immer häufiger real oder verbal hochgezogene Augenbrauen à la »Wie? das wissen/können/verstehen … Sie nicht?«

Das Paradebeispiel ist die *Technik-Hotline*, auch *Helpdesk* genannt. Wie selbstverständlich werde ich dort zum dauerwartenden Dummie-Bittsteller degradiert. Ich werde von Pontius zu Pilatus verbunden, natürlich in gänzlicher Unkenntnis des/der Durchstellenden, dass dieser *qua* Ableben vor rund zweitausend Jahren aus dem Mitarbeitendenverzeichnis gestrichen wurde. Ich lande, kurz vor dem eigenen wartezeitbedingten Exitus, beim vermeintlich verständnisvollen Endbeantworter. »Danke, dass Sie gewartet haben.«

Ich wiederhole ein letztes Mal mein neuestes Mantra – mein Anliegen. »Das liegt ja wohl auf Ihrer Seite, das Problem.« Der tiefe Seufzer, der das Auflegen begleitet, spricht Bände. Ich danke erschüttert ins Nichts. Wo das Problem lag, wusste ich bereits. Ich fragte, um es gelöst zu bekommen.

Wertewandel

Während ein fragender Mensch früher als wissbegierig, offen und lösungsorientiert wahrgenommen wurde, scheint er heute nur eins zu sein – lästig. Fragende kosten Arbeitszeit, die – jedenfalls ohne Zeithonorarvereinbarung – nicht vergütet wird. Fragende Menschen verlangen Erklärung, Rechtfertigung, gar Tätigwerden. Unerträglich im eng getakteten *Work-Life-Balance-Milestone-Schedule.*

Vielleicht können sich viele auch selbst nicht mehr erklären, warum sie etwas tun, und Fragende ertappen sie dann beim Nichtwissen? Entsprechend werden sie abgestraft.

Frag gefälligst das Internet!

Vielfach werden Fragende, insbesondere Nachfragende, aber auch als begriffsstutzig, uninformiert und/oder hilflos wahrgenommen. Suchmaschinen brauchen keine Frage, um Antworten zu liefern. Kann der Fragende sich nicht alles selbst raussuchen? Sind wir nicht längst alle mit einem Mausklick Schnellexperten in allem? In den Antworten so Denkender klingt die Geringschätzung für Fragende durch.

»Wer mich fragt, der nicht gewinnt« scheint ein neues Credo zu werden. Krönung dieser Geisteshaltung ist die schriftlich oder in Textform gefasste Aufforderung »Von Rückfragen bitten wir Abstand zu nehmen.« Warum?

FRAG! MICH! DOCH!

Ich sage: Als Anwältin und Anwalt muss ich fragen. Sogar rückfragen.

»Wer nicht fragt, bleibt dumm« wusste schon das Titellied einer Kinderserie. Es hat, im wahrsten Sinne des Wortes, recht. Denn wenn ein Vorurteil *nicht* auf meinen Berufsstand zutrifft, dann, dass wir reine Antwortkonsumierende sind, die Prüfschemata auswendig lernen und Paragrafen abnicken. Stattdessen ist kritisches Hinterfragen von Schilderungen, von Interpretationen (Meinungsstreit!) und Verfahrensabläufen selbstverständlich – und die Frage dazu das unerlässliche Handwerkszeug. Denken Sie nur an unseren bekanntesten Merksatz »Wer will was von wem woraus?«

Die Rückfrage benötige ich als unersetzbares Medium der Verständniskontrolle. Sie muss ja nicht gleich herabwürdigend klingen à la »Haben Sie das jetzt verstanden?«. Die Lehrerdynastie hat mich bessere Varianten gelehrt. Es ist doch, neben meinem persönlichen Bedürfnis, auch ein Stück Sicherheit, im Mandat richtig verstanden zu werden.

Aufgeklärt Entscheidende sind nachweislich zufriedener mit dem Ergebnis ihrer Entscheidungen – und kommen wieder, statt die Haftpflichtversicherung anzurufen. Wer mich fragt, warum etwas so gemacht wird, wie es gemacht wird, findet vielleicht einen Fehler in meinen Routinen, den ich längst übersehe.

Wenn ich mich nicht hinterfragen lasse – nicht als Mensch und nicht als Berufstragende – verbaue ich mir den Weg zur Verbesserung. Das ist dann *wirklich* blöd.

Noch Fragen?

4. »Flirten Sie etwa mit mir?«

Ich gebe es zu: Ich flirte hemmungslos. Mit jedem und jeder und allem. Vor allem am Telefon. Da sogar mit der Warteschleife. Ich stehe dazu, und – nur, damit das geklärt ist – mein Ehemann weiß das und macht es genauso.

Die will nur spielen!

Bei meiner Art Flirten geht es nämlich keineswegs darum, irgendetwas Tiefgründiges anzubahnen. Die Menschen am anderen Ende der Leitung werde ich oft nie wieder hören oder sehen, geschweige denn, je treffen.

Das englischstämmige Wort *flirten* kann auch als *kokettieren* verstanden werden, und das heißt erst einmal, etwas spielerisch zu nehmen. Wohlgemerkt: Es heißt nicht, Ernstes lächerlich zu machen und würdigt nichts und niemanden herab.

Farbenbrücke durch den Äther

Es geht nur darum, die oft bleierne Ernsthaftigkeit zurücktreten zu lassen, Farbe in dröge Amtsgespräche zu bringen. Es baut eine Brücke aus Lächeln, bestenfalls aus Lachen, die in der Stimme des Gesprächspartners meist auch tatsächlich hörbar wird.

Es nimmt mir den Nimbus des Zeitfresserchens, das aus Eigennutz die Amtsgeschäfte der anderen rüde unterbricht und ihnen noch mehr von dem aufbürdet, von dem sie meist eh schon genug haben: Arbeit.

Wertvoll!

Was ich da mache, ist für beide Seiten völlig unverbindlich und unverfänglich, funktioniert ganz unabhängig von Orientierung und Geschlecht, und ist gerade deswegen unschätzbar wertvoll. Es schätzt andere nämlich *voll wert.* Als Gesprächspartner und als Personen.

Genau deswegen darf es nicht persönlich werden, darf das Gesagte eine feine Linie nicht überschreiten.

Lifehack

Falls Sie meinen Einstiegstrick hören wollen: Ich mache mich gerne ein ganz kleines bisschen dümmer, als ich bin. »Wer, außer Ihnen, könnte mir sagen …«, hauche ich, vielleicht ein ganz klein wenig übertrieben, oder: »Natürlich sind Sie mit der Sache viel vertrauter …«

Hören Sie ein »Aber«? Der oder die andere auch. Aber das Tiefstapeln spricht – so sagt es die Psychologie – Menschen trotzdem immer wieder an.

Geht nicht? Gibt's nicht.

Selbst, wenn Sie aufkippen, ist die Reaktion meist nicht schlimmer als ein »Jetzt machen Sie sich mal nicht kleiner, als Sie sind!« oder so ähnlich, und schon können Sie nach Herzenslust drauflegen: »Ach, für Sie/für meine Mandantinnen und Mandanten würde ich fast alles tun.«

Natürlich kann das auch schiefgehen. Logisch. Es gibt immer wieder Menschen, die zum Lachen in den Keller gehen. Und, zugegebenermaßen, auch Telefon-Flirts, bei denen ich schändlich versage und eher schmierig als geschmeidig klinge. *So what?* Nächster Versuch. Ich bin ja schließlich nicht so klein, wie ich mich ab und zu mache.

Lächel-Lohn
Wenn alles gut geht, schmunzele ich noch beim Auflegen, habe, was ich wollte, und weiß, meinen Gesprächspartnerinnen und -partnern geht es genauso.

Denn mit Hilfe eines kleinen Flirts haben wir in den letzten fünf Minuten etwas Wunderbares, schon so oft verloren Geglaubtes geteilt: ein Lächeln.

5. »Ich bin eine Lady, Mister!«

Ich bin seit gestern ein Ein-Horn. Das ärgert mich, massiv. Denn die Beule auf meiner Stirn sieht nicht nur unmöglich aus, sondern erinnert mich auch daran, dass ich offensichtlich unfassbar altmodisch bin: Ich war doch glatt davon ausgegangen, die Mandanten-Herrlichkeit an meiner Seite würde nur vorgehen, um mir die Restauranttüre aufzuhalten. Nicht, um sie hinter sich loszulassen. Es ist kaum zu glauben: Ich bin tatsächlich gegen die zufallende Türe gelaufen.

Der Möchtegern-Start-Upper-Hipster-Bun-Träger von Mitte Dreißig vor mir fand das keinesfalls entschuldigenswert, nur sehr lustig.

Ich fand es keinesfalls lustig, dafür aber entschuldigenswert.

Vielleicht haben die ihm gleichaltrigen Damen, die gerade ihre vermeintliche Erfindung der *ganzheitlichen Mandantenberatung* feiern, auch bessere ganzheitliche Rezepte gegen Stirnbeulen zur Hand.

Ursachenforschung

Also ein Generationen-Gap? Ein Ergebnis der vehementen »Frauen an die Macht«-Debatten der letzten Jahre?

Ich habe lange darüber nachgedacht. Aber sie will mir nicht recht schmecken, die Argumentation, mann wisse ja fast nicht mehr, was er noch dürfe. Das ist mir zu leicht. Im Ernst: Eine gute Kinderstube hat noch keinem – und, ja, auch keiner – geschadet, und einen Business-Knigge wird es immer geben.

Erwartungshorizont: Kinderstube
Ich will nun ganz sicher nicht das spanische Hofprotokoll geboten bekommen, und keine Herrlichkeit muss zum zehnten Mal vom Stuhl aufspringen, nur weil ich Hungerleiderin schon wieder zum Buffet will.

Aber Galanterie, Koketterie und Benehmen sind Kunstformen, deren Beherrschung den Weg zu anderen ebnet. Auch zum Geschäftsgegenüber jeglichen Geschlechts. Das Wissen um und die Einhaltung von Spielregeln – nichts anderes sind Umgangsformen nämlich – macht selbstsicherer und damit zumeist auch erfolgreicher.

Ich erlaube mir außerdem frech, situativ angemessene Umgangsformen als Zeichen der mir entgegengebrachten Wertschätzung zu erwarten – und zwar von mir selbst und von allen anderen. Von *allen* anderen.

Erlaubnis erteilt: ladylike Feministin sein
Eine Lady bricht sich nun einmal keinen Zacken aus der Krone, wenn sie sich in den Mantel helfen lässt. Sie erspart sich nur alberne Verrenkungen und dreckige Mantelsäume. Sie genießt es, die Auto- oder Restauranttüre aufgehalten zu bekommen, besonders in Coronazeiten. Mein Mister und ich schmunzeln uns jedes Mal verschwörerisch zu, wenn ich ihm mein *Portemonnaie* zuschiebe, damit er die von mir ausgesprochene Einladung *oldschool* beim Personal bezahlt.

Yes, we can!
Mein Start-up-Herr hat übrigens doch noch gemerkt, dass irgendetwas schiefgelaufen war. Nachdem der Schmerz (auch der über die fehlende Wertschätzung)

nachgelassen hatte, haben wir beide doch noch herzhaft darüber gelacht – auch das sollte immer drin sein.

Ich muss auch keine weiteren Worte darüber verlieren: In den kommenden Jahren wird er erfahrungsgemäß in Sachen Business-Knigge mindestens eben so viel Lehrgeld zahlen, wie als Anfänger im Business sowieso schon.

Irgendwann wird uns eine völlig entspannte Mandantenbeziehung verbinden, deren Vertrautheit wieder andere Umgangsformen ermöglicht:

Darauf ein Highfive!

6. Feige oder weise? – Der Rückzug aus dem Konflikt

Es beginnt in einem nüchternen, anonymen Treppenhaus eines Kreditinstituts. Ich bin gerade einer langen Besprechung dort entronnen, plane schon die nächsten Schreiben, Telefonate, Wiedervorlagen ... in der Sache – da fällt mir auf, dass meine Handschuhe fehlen.

Eigentlich kein Problem: einfach umdrehen, wieder hochgehen, die Handschuhe aus dem Raum holen, wieder gehen.

Trotzdem stehe ich einfach nur da.

Es *ist* ja *Corona*. Da geht niemand einfach wieder irgendwohin zurück, wenn er einmal durch das mit *Ausgang* beschriftete Türchen geschlüpft ist. Nicht mit gutem Gewissen jedenfalls, nicht ohne aufzufallen, ohne andere zu belasten: mit erneuten Desinfektionsmaßnahmen, mit dem Ärger der Nachfolgenden, weil ja Personenzahlbeschränkungen gelten und sie warten müssen, und so weiter.

Kurz: Ich überlege ernsthaft, meine geliebten Handschuhe vorläufig dranzugeben und draußen zu frieren. Dann wird mir bewusst, dass ich langsam anfange zu spinnen.

Außer Kontrolle geraten

Ich bin kein Angsthase, kein Feigling, scheue auch Konflikte nicht. Das wäre in meinem Beruf sicher kontraproduktiv. Aber in der Coronazeit ist meine Scheu größer geworden, aus dem Rahmen zu fallen. Die Menschen sind dünnhäutiger geworden, sagt die eigene Erfahrung, und die Wissenschaft bestätigt sie. Depression und Aggression nehmen zu und damit auch der Druck, sich *richtig* zu verhalten. Zu unabsehbar jetzt, was sich früher zumeist in einem vorhersehbaren Spektrum bewegte: die Reaktion(en) des Gegenübers.

Richtig ticken um jeden Preis

Selbst die Welt der Hochglanzmagazine hat das Thema erreicht. In aktuellen Ausgaben berichten mehrere von ihnen über Seiten hinweg, wie stark der Druck, alles *richtig* zu machen, geworden sei. Digitale und reale Welt träten da in eine ungute Wechselbeziehung.

Auch das deckt sich mit meiner beruflichen und privaten Erfahrung dieser Tage: Selbst aus der anonymisierten Welt des digitalen Lebens ziehen sich immer mehr moderat Denkende zurück, um nichts falsch zu machen, nichts *Falsches* zu denken oder, in meinem Fall, nichts *Falsches* zu schreiben. Zu unabsehbar, wen die Reaktionen treffen und wie sie ausfallen.

Ich bin also beileibe nicht allein, wenn ich mich aus Facebook-Meinungsverschiedenheiten dezent-versöhnlich zurückziehe. Dabei vielleicht so manches Mal ein bisschen Vergebung für etwas heische, was ich gar nicht ernsthaft meine, getan zu haben. Oder, besser noch, wenn ich einfach gar nichts mehr kommentiere.

Feigheit oder Ausweg?

Was ich früher als feige empfunden hätte, nenne ich heute eher Appeasement – Befriedung, Beruhigung also. Angesichts der Welle realer und digitaler Ereignisse, die ich zu Beginn des Jahres mit einem einzigen, moderat kritischen Post in einer Gruppe ausgelöst habe, vielleicht kein schlechter Ansatz.

Diplomatie lebt davon, nicht den Stolz, sondern das Ergebnis zu messen. Und meine alte Messlatte von *feige* über *höflich* bis *weise* will dieser Tage nicht mehr so recht passen. Sie scheint auf ein veraltetes Wertesystem geeicht.

Vielleicht ist es auch nicht veraltet, sondern nur so alt, dass wir ein bisschen vergessen haben, es zu leben. Alte Regeln gesellschaftlichen Zusammenlebens, bei denen es Sinn macht, sich ihrer nach der Corona-Ausnahmelage und darüber hinaus noch einmal zu erinnern: Einen Individualismusschritt zurückmachen, jeden Jeck anders schön sein lassen, einmal drüber schlafen, fünfe gerade sein lassen.

Dann passt sie plötzlich wieder, die alte Messlatte von *feige* über *höflich* bis *weise*.

Scheinproblem mit Aussagekraft

Meine Handschuhe habe ich übrigens doch noch geholt. Habe an der Türe vorsichtig auf mich aufmerksam gemacht, gefragt, ob ich zurückdarf, gewartet, bis es möglich war, mich herzlich bedankt, dass es ging. Das Ganze war ein absolutes Scheinproblem – aber dass ich eins sah, wo keins war, sagt ja auch schon etwas.

IV.

Carpe diem – Feste feiern

1. Drohende Feste

Es ist Donnerstag, der 16. Dezember – noch drei Tage bis zum vierten (!) Advent und nur noch eine Woche bis Heiligabend.

Auf meinem Schreibtisch türmen sich die Akten, im Kalender sind eigentlich alle Termine mit roten Flaggen für *unendlich wichtig* gekennzeichnet, und nahezu im Minutentakt vermeldet mein Rechner klingend den Eingang einer weiteren Mail in meinem ganz persönliches Postfach.

Da haben wir den (Vorbereitungs-)Salat

Das Texten meiner diesjährigen Weihnachtsbotschaft fällt mir unendlich schwer, will ich doch in dieser dünnhäutigen Zeit keinem auf die Füße treten: Mit dem Inhalt will ich allen Glaubensrichtungen (ich kenne auch Odins-Anhänger!), Orientierungen, Einstellungen und Seelen gender-gerecht werden. Für ein Gendersternchen ins Hausaufgabenheft, sozusagen.

Damit ist es nicht getan: Dem Texten folgt die Auswahl der Empfänger, die Beschriftung dutzender Briefumschläge. Neben den Umschlägen liegen die Aufträge aus den Jahresendrallyes der Verlage, die zu meinen Lektoratskunden zählen. Die Buchhaltung will für den Jahresabschluss vorbereitet und die Budget- und Jahresplanung fürs kommende Jahr überlegt werden. Tausend überaus wichtige Fälle sind aufgetaucht, die ich, und ganz bestimmt nur ich, jetzt und hier und am besten sofort lösen soll … natürlich neben den unendlich vielen Kleinigkeiten, die noch zu erledigen sind.

Erschrecken
Ich blicke auf die gesamte To-do-Liste und erschrecke. Schon wieder sind die ganz privaten Dinge irgendwo im Nirgendwo gelandet, unter *ferner liefen.* Selbst die von meinem Sohn so liebevoll gestaltete Nikolaus- und Weihnachtswunschliste liegt fast vergessen im Stapel *Mache ich irgendwann.*

Weihnachten ist plötzlich mehr Drohung als Freudenfest – herrliche Kindheitserinnerungen hin oder her.

Ich lasse meinen dezembermüden Kopf mit der verschnupften Nase hängen und will aufgeben.

Mein Blick fällt noch einmal auf die Wunschliste meines Sohnes. Das bunt bemalte Papier mit der kindlichen Handschrift erinnert mich daran, wie es sein sollte: statt übertriebener Hektik ein stückweises Zurückschalten, ein abgestuftes Geschwindigkeit-Rausnehmen. *Adveniat,* das gespannte Erwarten. Vorausstrahlender Glanz der Festtage, so überzuckert süß das auch klingen mag.

Rescue-Button
Worte einer Freundin kommen mir in den Sinn. Sie ist Unternehmerin mit Leib und Seele, Pendlerin zwischen ihrem Heimatland und ihrer neuen Heimat, ein stets fröhliches 24-Stunden-Energiebündel. Sie aktiviere die Mama-Superheldinnenkraft, hat sie mir einmal lachend geantwortet, als ich wissen wollte, wie sie Dienst und Privatleben unter einen Hut bekomme: »Kinder ansehen, den kurzfristigen Zusatzenergieschub ausnutzen, um sich freizuhauen, danach zwei Runden runterschalten. Wie im Videospiel. Mein Rescue-Button.«

Power on!
Auf dem Foto hinter mir grinst mein Sohn. *Power on!*

Energisch schiebe ich den Stuhl zurück, bringe den kaltgewordenen Kaffee in die Teeküche. Schon auf dem Weg dorthin gehe ich durch, welche Aufgaben delegiert werden können: Meine immer bereite Superheldinnen-Mama wird aktiviert: Korrekturlesen meines Artikels, Plätzchenbacken mit Enkel, den Zettel mit der Blumenbestellung für die Mandantinnen und Mandanten in Pflegeheimen zum Floristen am Ort bringen. Check. Dank meiner Mama drei Haken an der To-do-Liste.

Das Listen-Bereinigungs-Fieber packt mich. Binnen einer Stunde habe ich mich neu sortiert. Der Weihnachtswunschzettel rangiert jetzt ganz oben, noch vor den Tickets fürs Weihnachtsmärchen und der Deko-Orgie in den Dienst- und Privaträumen. *First things first.*

Ja, und auch das mache ich: Ich sage ab. Lasse los. Sage ehrlich, was einfach nicht mehr geht. Paritätisch bei meinen Mandanten und bei meiner Familie.

Siehe da: Ich werde verstanden.

Die Rückkehr des Weihnachtsgeistes
Als ich nach diesem – immer noch anstrengenden und vollgepackten – Arbeitstag den Schreibtisch räume, spüre ich etwas Wunderbares: Vorfreude. Überzuckersüße, goldene Vorfreude auf eine immer wieder hektische und doch genauso außergewöhnliche Zeit.

Was auch immer Sie also wie feiern möchten: Tun Sie's!

2. Anwältins Wunschzettel

Lieber Weihnachtsmann,
ich war das ganze Jahr über für niemanden ein Advocatus Diaboli. Ich habe kein gerades Recht gebogen, nur gebogenes gerade verhandelt.

Ja, okay, ich nehme Geld dafür. Aber hey, von *al di*e Spekulatius kann man außerhalb des Nordpols nur von September bis Ostern leben, und der Verkäufer will allen Ernstes auch was dafür haben.

Leider etwas anderes als Erstberatungsgutscheine.

Ich weiß gar nicht, warum.

Ich war jedenfalls brav. Ich habe Schülerinnen und Schüler zum Recht bekehrt (das heißt Rechtskunde AG), Mandantinnen und Mandanten daran festgehalten (das heißt Mandat) und Richterinnen und Richter darauf hingewiesen, wenn sie es mal kurz aus den Augen verloren hatten.

Boah, hört sich das toll an!

War es aber gar nicht, machen ja alle so, die ihren Anwaltsberuf nicht »Job« nennen.

Lieber Weihnachtsmann,
hab uns doch mal lieb! Immerhin ignorieren wir seit Jahren

1. deinen Drogenkonsum (Ja, Kakao ist berauschend, frag mal meinen Sohn nach vier Tassen!),
2. deine nächtlichen Geschwindigkeitsüberschreitungen rund um den Globus und
3. die nicht artgerechte Tierhaltung (nur einmal jährlich Auslauf?! Unbehandelte leuchtend rote Rentiernasen?! Tonnenschwere Zuglasten?! Nachtarbeit?!).

Das *kann* so bleiben. Immerhin gibt es ja inzwischen ganz legale *Deals* bei uns.

Ich finde, wir im Rechtsberuf haben uns eine fauntleroy'sche *Festfreude* verdient.

Ach, Weihnachtsmann,
wie sehr wünsche ich mir das Verschwinden der grauenhaften Anwaltsdarstellungen aus den Medien! All diese Psychotypen, Säufer, Mitmacher, Mörder, selbsternannten Superdetektive, Oberklassewagenfahrer und Ekelpakete – gelöscht. Weg! Aus den Augen, aus dem Sinn! Genderübergreifend, versteht sich!

Eine Chance für die Liebe – das ist doch genau dein Ding, alter Mann!

Wie sehr sehne ich den Tag herbei, an dem auf einschlägigen Kanälen mal nicht ohne Sinn und Verstand Sätze wie »Kinderschänder bekommen ja bei uns immer Bewährung« oder »Unser Rechtsstaat ist noch aus der Nazizeit« rausgehauen und – schlimmer noch – dutzendweise anonym zustimmend kommentiert werden.

Da lässt sich doch was machen, oder?

Was sagst du? Das müssen wir selber schaffen? Mit Vorbildfunktion, Ausbildung und Arbeit?

Weißt du was, ich glaube, mir fällt gerade auf: Ich glaube nicht an dich.

»Schahatz, wo ist der Maserati-Schlüssel? Die unbezahlte Praktikantin muss die Geschenke an die Lobbyisten ausliefern.«

3. Jahresrückblick der Verrücktheiten

Am Rechner fordert das nächste laute *Pling* Aufmerksamkeit. Mein Sohn kommt in einer Stunde nach Hause. Vom Mittagessen fehlt jede Spur. Aus Zeitgründen muss ich wohl heute die Krümel servieren, die mein Krümel nach dem Sich-Verkrümeln vom Frühstück hinterlassen hat. Mal wieder Zeitnotstand mit Kopf-in-den-Sand-Reflex.

Aber da liegt sie, die *Grüne.* Frech guckt sie unter meinen sonst blauen Akten hervor, die sich über ihr türmen. Fast erdrückt von deren Menge, wispert sie verführerisch: »Hol mich hier raus.«

Erwähnte ich bereits, was diese außergewöhnliche Akte enthält? Ganz einfach: mein hochmodernes Exit-Game, meinen Fluchtplan aus dem Alltags-Aktenblau. Es heißt *Fünf-Minuten-Wahnsinn:* Für ein paar Minuten erlaube ich mir, etwas zu tun, was ich garantiert nicht tun könnte, wenn ich *normal* arbeiten würde. Meine Jahreshighlights des vergangenen Jahres waren:

Januar: Ich gehe in der Mittagspause in die Badewanne.

Februar: Ich versuche mich morgens um 10:30 Uhr an selbstgemachten Karamellbonbons.

April: Ich bin dann mal raus – eine halbe Stunde shoppen um 14:30 Uhr.

Juli: Ich führe im Bikini – natürlich im schwarz-weißen, so viel Berufsehre muss sein – Mandantentelefonate.

August: Ich tippe auf dem Einhorn im Pool Schriftsätze.

September: Ich stelle mich mitten in den ersten Regen seit Wochen. Bekleidet. (»Was sollen denn die Nachbarn denken?«)

Oktober: …

HAAAAALT!

Das haben Sie mir jetzt nicht wirklich geglaubt, oder?

Nicht doch! Es ist doch gerade die Zeit der schön geschönten Jahresrückblicke, die uns stets mit dem Gefühl hinterlassen, das Ende sei nahe. Das gute, versteht sich.

Nein, nein. In der *Grünen* liegt ein ganz anderer *Fünf-Minuten-Wahnsinn*. Einer, der mich wirklich aus jedem Motivationstief holt: Die Themenliste zu meinen Texten über diesen verrückten, liebenswerten und wunderbaren Beruf und die Menschen, die ihn dazu machen.

Was aus der *Grünen* entstanden ist, ist einen ungeschönt schönen Rückblick wert: Durch die positiven Reaktionen gestärkt, fand ich den Mut, auch die *private Schreibe* aus der Schublade zu ziehen. Mit Erfolg. Neue berufliche Schreibprojekte liegen inzwischen in der *Grünen* und warten auf Verwirklichung.

Zeit also, einmal laut Danke zu sagen:

Danke der Familie, die den Wahnsinn mitträgt, die beständig mit mir um bestmögliche Formulierung und Präsentation ringt und immer bereit ist, dafür auch Krümel zu essen,

danke den Kommentierenden, den Anregenden, den Kritik-Äußernden, den Likenden und

danke auch allen, die sich wahnsinnige fünf Minuten Zeit nehmen, um das hier zu lesen.

Wer weiß – vielleicht würde mich sonst wirklich mal ein Mandant beim Schriftsatztippen auf dem Pooleinhorn erwischen. Und das wollen Sie doch nicht.

Bitte nicht!

4. Vorsatz des Jahres: Mensch bleiben

Klingt das merkwürdig? Sicher. Aber gerade erst musste ich noch einmal lernen, dass genau das für viele Berufs-Mitmenschen nicht selbstverständlich ist.

Eine Hochzeitsanzeige besonderer Art
In einem der zwei beruflichen Netzwerke, in denen ich mit Profilen vertreten bin, postete jemand eine wunderbare Nachricht: Er werde heiraten. »Wow, Glückwunsch, alles Gute«, dachte ich und setzte meinen Like in der Erwartung, binnen Stunden Hunderte davon unter dem Post zu finden.

Mischen verboten!
Daneben! Im Sekundentakt hagelte es Kommentare. Die meisten erhoben, hinter mehr oder weniger offen geheuchelten Glückwünschen, mahnende Zeigefinger: Das gehöre sich doch nicht, in einem beruflichen Netzwerk. Das solle schön bleiben gelassen werden, so was zu posten. Berufliches und Privates vermischen? Also wirklich! Wo käme man denn da hin, wenn das jeder so machen würde? Da fehlte letztlich wirklich nur noch der Admin mit dem Satz »Solange du deine Postings in mein soziales Netzwerk setzt …«

Soziales Netzwerk?!
Ja, genau: Es war ein Posting in einem *sozialen* Netzwerk. Das ist schon dem Namen nach *sozial. Sozial* sind menschliche Beziehungen. Die mögen sich in beruflichen Netzwerken auf berufliche Themen konzentrieren, aber wir bleiben hinter unseren Accounts doch Menschen.

Gegenprobe: Real Life

Ich sehe das Stirnrunzeln der Andersempfindenden. Machen wir gemeinsam die Gegenprobe:

Wir springen ins Jahr 2004. Kein Coronavirus schickt die Menschen ins Homeoffice, kein *Remote-Working-Co-Crowd-Space-Zooming-Gemeete* macht mich zur digitalen Dame ohne Unterleib. Ich bin aus dem Herbsturlaub zurück, zurück in meiner *Real-Life-Working-Bubble* aus Kollegen und Mandanten. Ein real-menschlich-berufliches Netzwerk, das Kaffeeküche, Mittagessen und Teammeetings mit selbstgebackenen Plätzchen einschließt.

An jenem Herbstmontag im Jahre 2004 musste ich jedem meiner Mandanten, Kollegen und selbst dem Postboten erzählen, wann und wie dieser neue Ring an meinen Finger gekommen war und wann wir denn nun … und überhaupt wie … groß oder klein … hier oder da … Polterabend … Wen, das wussten sowieso alle. Es gab mal Fotos auf Schreibtischen und Einladungen *mit Begleitung*.

Niemand, wirklich niemand, ist damals auch nur ansatzweise auf den Gedanken gekommen, wir würden Berufliches und Privates unzulässig vermischen. Neben der Anwältin blitzte halt mal eben kurz die Menschin auf. Ist ja auch nicht so, dass das nicht ein ganz besonderer Moment in meinem Leben gewesen wäre oder dass frau das gleich mehrmals hätte machen wollen

Hier, aber nicht dort?

Ende der Gegenprobe mit der Frage: Warum löst etwas im *Real Life* so Unproblematisches im digitalen Netzwerk so viele Angriffe aus? Gehen wir nicht gerade online, um Beziehungen zu knüpfen? Unsere sonstigen Partnerschaften posten wir doch nur allzu gerne auf allen Dienstkanälen. Der Jurist gar mit dem Leitspruch: »Wer likt wen wieso worauf?« Die regelmäßige Erinnerungsmail mit dem »Kennst du XY?« im Betreff macht uns nervös, lässt uns das Profil der Person ansehen und Kontakt aufnehmen. Jede neue Geschäftsbeziehung ist ein Pöst-, Verzeihung, ein Postchen wert, egal wie irrelevant lose und um wie viele Grade hinweg bekannt.

Sozial also ja, *menschlich* aber nein?

Es stehe weniger zu befürchten, dass der Computer werde wie der Mensch, befand schon Konrad Zuse, es sei weitaus eher zu befürchten, dass der Mensch werde wie der Computer. Schreckliche Vorstellung, nicht wahr?

Deswegen bleibe ich dabei: Wo ich nicht ab und zu Mensch sein darf, habe ich beruflich nichts verloren. Ich will keine Erfolgsvermeldemaschine sein.

Das Private, Emotionsgeladene muss Grenzen haben, sicher. Ich muss mich im Beruflichen nicht emotional ausbreiten, meine Gefühlslage nicht dauerkommunizieren. Das nervt im Real Life ja auch: Die *kommunikative Art* der daueremotionalen Quasselstrippe aus dem Nachbarbüro ist schließlich *bei Mitarbeitern und Vorgesetzten gleichermaßen geschätzt,* wissen nicht nur Arbeitszeugnis-Euphemistinnen und -Euphemisten.

Vorsatz des Jahres

Ich befinde für mich: Gut gemacht, mein Social-Media-Freund, und alles Gute. Möge deine Ehe den Lebenszyklus aller Clouds überstehen und der *wind of change* alle Firewalls auspusten, die sich euch in den Weg stellen wollen.

Auf die Likes und Hates zu meinem titelgebenden Vorsatz bin ich jetzt schon gespannt. Sind ja nur menschlich, die Dinger.

5. Nicht lächerlich, nur Lächel-Ich – Was der Narr uns lehrt

Karneval, Fastnacht und Fasching stehen vor der Türe, gleich mit der Klassikerfrage »Wolle mer se reinlosse?« (Wollen wir sie reinlassen?). Ich sehe schon das Augenrollen der Karnevalsmuffel. Schon gut. *Jeder Jeck is anders.*

Närrische Lehren

Es geht hier auch gar nicht um den Karneval, den Fasching oder die Fastnacht als solche, sondern darum, ins Narrenkostüm zu schlüpfen, die Narrenfibel zu öffnen und das in den Alltag hereinzulassen, was in Narren (jeglicher Couleur) steckt: die unnachahmliche Fähigkeit, gekleidet in ein Lächeln *ad hoc* einen Rollenwechsel zu vollziehen, statt Scherzhaftem auch Schmerzhaftes wirkungsvoll zu äußern – und dafür auch noch Applaus zu ernten.

Die Parallelen drängen sich auf. Anwaltsmenschen müssen oft genug in verschiedene Rollen schlüpfen. Heute sind sie Arbeitgebende, morgen Verfahrensbeteiligte, übermorgen Ratgebende, stets zum Urteil Aufgerufene. Ernstes wirksam vermitteln, ist uns so überlebenswichtig wie dem Narren – egal, ob Kritik, eine schlechte Nachricht oder das Eingeständnis eines Fehlers.

Närrinnen und Narren sind frei, genießen ihre Freiheit und bleiben sogar außerhalb der Scherzerklärung straffrei. Wohldosiert, bringt ihr Humor Menschen zum Lächeln *und* zum Denken, ohne sie selbst oder ihre Zuhörerschaft lächerlich zu machen.

Wir wollen Ernstes auch *frei*, also offen, vermitteln, keine *Scherzerklärung* abgeben, unsere ernste

Botschaft angenommen wissen, dabei aber *straffrei* bleiben und die jeweiligen Empfängerinnen und Empfänger nicht vergrätzen. Niemals, ganz besonders nicht bei einem eigenen Fehler, wollen wir lächerlich gemacht werden.

Wie geht das, bitte?

Grund genug zu fragen, wie das Narrsein funktioniert. Warum kommen Narren mit Botschaften durch, die von denselben Menschen mit den gleichen Worten im Alltag nicht oder nicht ungestraft hingenommen würden?

Es ist nicht das Umfeld aus Karneval, Sitzung, Bütt und Roter-Nasen-Symbolik, keine umgekehrte Trierer Weinversteigerung aufgrund Scherzerklärungs-Erwartungshaltung, die das auslöst. Unsere Robe alleine macht uns ja auch nicht seriös.

Das Erfolgsrezept der Narretei ist ein anderes: Es ist das Augenzwinkern, das Lächeln. Narrsein ist nicht lächerlich, es ist ein höchst erfolgreiches *Lächel-Ich*. Es ist nämlich deutlich schwieriger, die von einem *Lächel-Ich* wohldurchdacht und gut geübt vorgebrachte Kritik auszublenden, als eine juristisch wertende mit pädagogischem Zeigefinger. Der reflexhafte Verdrängungsmechanismus (etwa: »Der/die war nur schlecht drauf.«) will bei *Närrinnen und Narren* einfach nicht funktionieren, und der angeborene Verletzungswiderspruch-Reflex schläft auch friedlich weiter, statt sich zu regen. Es gibt nun mal keine Verteidigung gegen Lächeln, nur ein konsensuales »Ta-Ta-Tsching-Bumm« mit Applaus.

Aber das ist es nicht allein: Das Lächeln verbinden Narren aller Art seit Jahrhunderten höchst effektiv mit dem, was heute *mediativer Ich-Effekt* genannt wird, also damit, etwas auf sich zu beziehen, um dem Geäußerten die anklagende Schärfe zu nehmen. Achten Sie mal drauf: »Ich war ja neulich …« etc. sind wiederkehrende Pointeneinleitungen, unterbrochen von der nur gelegentlichen Einbeziehung des Publikums durch ein »Wir …«. Der Narr war ein lächelnder Psychologe, lange bevor es ernst zu nehmende gab.

Lächeln wir den Ernst weg?!

Vollziehen wir also getrost den Rollenwechsel und schlüpfen ins Narrenkostüm. Keine Sorge, wir lächeln den Ernst der Worte (oder der Lage) damit nicht weg. Gelächeltes trifft. Nur eben den Punkt, statt das Herz.

Versprochen, es sind wirklich nur ausgewählte Misanthropinnen und Misanthropen, die auf eine in diesem Sinne närrisch vorgetragene Botschaft nicht anspringen und Senderinnen und Sender zu lächerlichen *Egoistinnen und Egoisten* stempeln, weil sie das Ich-Prinzip partout falsch verstehen (wollen). Leider ist das dazu passende Karnevalslied *Mer bruche keiner* der *Bläck Föös* nur tanzbar, aber nicht zitierfähig. Kurz gefasst meint es: Denen ist nicht mehr zu helfen – außer mit einem Lächeln.

Trauen Sie sich! Der Rest unseres Publikums freut sich an unserer neuesten Rolle und nimmt uns ernst, gerade weil wir es anlächeln. Wie Närrinnen und Narren sind auch wir ernst zu nehmende Gegnerinnen und Gegner, gerade weil wir lächeln. Und im allerallerschlimmsten Fall darf das Lächeln auch mal sardonisch oder teuflisch werden. Der Rollenwechsel ist Närrinnen und Narren schließlich immanent. Wirklich lächerlich macht sich nur der Mensch, der nicht augenzwinkernd über sich selbst lachen kann, wenn er im Dienste des ernsthaften Gesprächsziels ins Lächel-Ich-Närinnen- oder -Narrenkostüm schlüpft.

Ich mache mich jedenfalls bis Aschermittwoch – und vermutlich auch darüber hinaus – zum närrischen Lächel-Ich und äußere meine Kritik künftig entsprechend.

6. Alles neu macht der März?! – Veränderung leben

Es ist März. Karneval liegt hinter mir, und ich bin im Freizeitfasten- und Farbfasten-Modus, das heißt, ich spare mir mal wieder die Freizeit und trage klassisches Schwarz-Weiß. Leider völlig unabsichtlich.

Draußen wird es langsam Frühling, traditionell wahrgenommen als Alles-wird-neu-Zeit. Eine Art wiederkehrender bunter Aufbruchstimmung greift um sich, die auch mich erfasst. Veränderung muss her!

Im nächsten Moment stutze ich. Heißt es nicht: »Alles neu macht der Mai?« Soll ich vielleicht doch noch warten, weil Volkes Mund ja bekanntlich alles andere als dumm ist? Oder bin ich dann schon wieder mitten drin in der berühmt-berüchtigten Prokrastination?

Gibt es überhaupt einen richtigen Zeitpunkt für Veränderungen?
Ich finde, ja.

Der aufdringlichste ist der, an dem Veränderung sein muss – wenn ich irreparabel ausfalle, zum Beispiel, oder mein Dauer-Schwarz-Weiß-Look graugewaschen ist. Da ist sofortiges Handeln angesagt, basta.

Daneben gibt es den Sollte-ich-mal-machen-Zeitpunkt. Den bemerkt mein Bauchgefühl lange vor meinem Kopf. Es rumpelt in meiner Körpermitte so komisch, wenn ich mal wieder »Ja klar!« sage, obwohl ich »Nein, tut mir leid, aber geht (jetzt) nicht« meine und damit kurz vor Toresschluss den Feierabend doch wieder hinausschiebe. Oder doch wieder das Schwarz-Weiß-Ensemble trage.

Die Kantine ist gut, auf die kann ich das Bauchgrummeln nicht schieben. Es muss also etwas anderes sein, was es auslöst.

Das *andere* ist eine unbestimmte Unzufriedenheit, mit sich selbst, mit dem eigenen Handeln oder mit der Situation. Aus Erfahrung weiß ich, dass ich mich dann bereits auf den Weg gemacht habe. Nicht ins Zimmer 13, sondern auf den Weg, Veränderungen anzudenken.

Bauch sagt ja, Hirn springt an: perfekt

Nun ist keinem Menschen damit gedient, wenn ich jauchzend Altbewährtes über den Haufen werfe und mir und anderen Neues überstülpe – und sei es noch so bunt.

Also nehme ich mein Hirn hinzu. Jeder hat seine eigene Strategie, Entscheidungen rational vorzubereiten. Ich mache das ausschließlich im Kopf, andere schreiben oder malen Listen mit Argumenten. Jeder nach seiner Fasson, da gibt es kein besser oder schlechter. Hauptsache, Bauch und Hirn kommen zum selben Ergebnis: Her mit der Veränderung!

Wenn nicht, dann war wohl doch nur das letzte Mittagsgericht schwer verdaulich. Oder mein liebes Bauchgefühl muss lernen, dass nicht immer alles nach seinem Willen laufen kann und das Grummeln deswegen einstellen.

Tausch mal wieder!

Als ich neulich zu dem Ergebnis kam, es werde nun wirklich mal Zeit, mein Freizeit- und Farbfasten zu brechen, kam ich genau bis zu diesem Punkt.

Warum?

Weil ich einen entscheidenden Fehler gemacht hatte: Ich war an meiner inneren Veränderungsentscheidungs-Argumente-Liste hängengeblieben.

Ich hatte vergessen, dass ganz besonders dann, wenn meine Veränderung auch andere betrifft – und im beruflichen Umfeld ist das wohl immer so –, zu meinem eigenen Willen auch die Überzeugungsarbeit am Willen der anderen tritt. Da will Veränderung doppelt gut gedacht werden.

Gefühlt weicht nichts so sehr voneinander ab wie die Eigenwahrnehmung von der Fremdwahrnehmung, wenn es um Veränderungen geht:

Schluss mit Farbfaden, oder? Nina 2024

Ich selbst sah meiner neu gewonnenen Farb-Freiheit mit einem »Juchhu« entgegen, stieg in die Budgetplanung ein, übte Nein sagen und Farbkombinationen vor dem Spiegel und fand alles bestens bedacht.

Von den liebsten aller mich umgebenden Mandantenmenschen kam indes nur ein langgestrecktes »Äääḧm. Aber dann …«

Es bedurfte der Kommunikation.

Wie sich herausstellte, waren meine Argumente leider nicht so stichhaltig, wie ich gedacht hatte. Ich hatte zum Beispiel vergessen, dass meine Handwerktreibenden 7:30 Uhr fast schon als Mittagszeit empfinden. Bis dahin wollen Sachverhalte geklärt sein.

Die alte Freizeit-Dienstzeit-Regelung hatte also etwas für sich, in beiderseitigem Lichte betrachtet. Sie steht jedenfalls noch. Lustigerweise ist dafür das Bauchgrummeln beim Frühaufstehen weg. Spötter werden feststellen, dass hierin ja auch schon eine Veränderung liegt.

Mein bunter Auftritt wurde erst gar nicht thematisiert – Schweigen kann, gepaart mit hochgerutschten Augenbrauen, sehr beredt sein.

In Zukunft werde ich vor einseitiger Verkündung einer Veränderung wieder *Tausch mal* spielen. Das ist ein Spiel, das gerade Juristinnen und Juristen besonders gut beherrschen: In Gedanken Rollen tauschen – oder sich »auf den anderen Stuhl setzen«, wie mein Erstsemester-Professor gerne sagte. Auf diese Weise die Position des anderen einnehmen und dessen Argumentationslinien vorwegdenken. Dann die eigene darauf ausrichten.

Nicht zu vergessen, die ganz hohe Kunst: Die Emotionen des anderen dabei einkalkulieren. Wir haben nicht alle dasselbe Veränderungs-Bauchgefühl, neigen zu Vertrautem, haben liebgewonnene Rituale. Das ist anzuerkennen und einzubeziehen, sonst wird es rücksichtslos. Die Argumente meiner Handwerkenden waren stichhaltig, die Erwartungshaltung an das anwaltliche Berufsoutfit hat etwas mit der anerkannten Wirkung von Farben zu tun, wie ich inzwischen weiß – warum also dessen Bedeutung nicht be- und mein Veränderungskonzept überdenken?

Letztes Mittel: Anschleichen!

Sehr selten stoße ich auf Veränderungsresistenz, bei mir selbst und bei anderen. Das ist eine argumentativ nicht begründbare Verweigerung jeglicher Veränderung, eine Art sinnloser Trotzhaltung.

Hierfür habe ich – dem Tipp eines Psychologen folgend – das *Mäuschenkonzept* entwickelt: Jede Verän-

Die Lösung
Beidseitig tragbare Mode:
a. dezent berufsmäßig, b. dem Anlass gemäß. Von der Arbeit zur Party ohne Umwege.
Material: gleitende Stoffe, z.B. Seide.
Schnittbeispiel: Wickelrock.

derung wird in kleinste Schrittchen zerlegt, so klein, dass sie gar nicht auffallen. Einer nach dem anderen wird umgesetzt.

Ich erkämpfe mir mein Freizeitfastenbrechen und eine Abweichung vom Gedeckte-Farben-Stereotyp also nicht, sondern erschleiche sie mir zunächst. Statt eines kategorischen »Nein, das geht nicht« schleiche ich einfach mal eine halbe Stunde später ins oder eine Viertelstunde früher aus dem Büro. In zartrosa Bluse mit schwarzem Pulli drüber. Ein paar Tage später kündige ich meine Abwesenheit vielleicht an und komme im hellblauen Anzug.

Auf dem Ausbleiben des Weltuntergangs kann später unmittelbar aufgebaut werden. Argumentativ und emotional.

Bis zur Änderung meines gesamten Freizeit- und Farbverhaltens sind es noch ein paar Schritte, aber ich bin fest entschlossen, Veränderung zu leben.

Sie können im Mai ja mal Mäuschen spielen und nachfragen, ob nun wirklich alles neu ist. Aber – *pssst!* – nicht, dass Ihr Bauch grummelt!

V.

Cogito ergo sum – Kollegiales *Miteinander*

»Schicken Sie mir Ihre Mandanten, bevor Sie etwas falsch machen.«

Meine Kanzlei liegt in Nordrhein-Westfalen, im Rheinland, um genau zu sein. Traditionell sind hier Anwälte und Notare zwei getrennte Berufsgruppen – den Anwaltsnotar bzw. die Anwaltsnotarin vieler anderer Bundesländer kennen wir nicht. Wir sind entweder-oder, sozusagen.

Erklärungsbedarf

So gerate ich ab und zu zwischen die Fronten, wenn ich Mandantinnen oder Mandanten erklären muss, dass ich den gewünschten Erbvertrag zwar vorbereiten und mit dem Steuerberater feinjustieren kann, nicht aber dingfest machen. Oder dass ich manche Vorsorgevollmacht zwar inhaltlich sinnvoll, aber eben nicht unbedingt formell sinnvoll aufsetzen kann. Dass es dafür Spezialistinnen und Spezialisten gibt, die für das einstehen, worauf sie das Landeswappen mit Fluss und Pferd prägen, und die davon leben, dass sie es tun. *Wappentiere* heißen sie in meiner Kanzlei, gemeint als Respektsbezeichnung im allerbesten Sinne – und, *nota bene*, geschlechtsunspezifisch.

Während die unterschiedlichen Tätigkeitsbereiche der Berufe *Richter, Staatsanwalt* und *Rechtsanwalt* auch Laien durchaus geläufig sind, wird die Frage des Unterschieds zwischen *Anwalt* und *Notar* für Mandantinnen und Mandanten gerne zum Buch mit sieben Siegeln – auch wenn es, streng genommen, nur um eines geht.

Erklärungslast und Überzeugungskraft

Die *Doppelbelastung* der Berufsgruppen mit derselben Angelegenheit wirft naturgemäß Fragen auf.

Für kostenbewusste Mandantinnen und Mandanten wirkt dieses doppelte In-Aktion-Treten auch wirklich erst einmal wie Abzocke: Schieben sich da nicht zwei Krähen das Wurstbrot zu?

Da ich die dem Wurstbrot nähere Krähe bin, trifft mich die Erklärungslast. Manchmal auch die Erklärungsnot. Warn- und Beweisfunktion hin oder her – auch ich weiß nicht immer Sinn, Herkunft und Inhalt jeder Formvorschrift zu erklären, und das bloße Deuten auf Paragrafen hat der Rechtsvermittlung noch nie genutzt.

Aber auch ohne Kennerin der Notarkostenordnung zu sein oder je danach abgerechnet zu haben, kann ich reinen Gewissens meinen Mandantinnen und Mandanten gegenüber behaupten, dass sie bei guter Zusammenarbeit zwischen Anwalts- und Notarberuf durchaus profitieren *und* sparen können.

Störfeuer im System: Die Ausnahmeerscheinungen

In die Quere kommt mir dann leider gelegentlich eine seltene Unterart des *Wappentiers*: die *Mähnenschüttler* jeglicher Geschlechtervarianz. Sie betrachten sich als höhere Wesen. Eine Aussage à la »Na, dann wollen wir mal sehen, was Sie glauben, zu können« ist da noch harmlos. Noch deutlicher: »Ich sehe mir nie an, was Anwältinnen [oder Anwälte] vorbereitet haben, das ist eh nichts.« Und die Krönung des Mähneschüttelns: »Schicken Sie mir die Mandanten, bevor Sie etwas falsch machen.« Das ist extrem, bissig, keilig, kommt aber leider vor. Meist dann, wenn die Mandatierenden diese NRW-Amtsschimmel selbst vorgeschlagen haben und diese daher, so will ich das mal freundlich werten, eine vermutete Revierverletzung zu sanktionieren suchen.

Beseitigen konnte ich solche Vorurteile gegenüber meiner Person, meinen Fähigkeiten oder auch gegenüber der generellen Zusammenarbeit der beiden Berufsgruppen übrigens noch nie. Nicht mit Wurstbrot-(oder Möhrenpellet-)Aussicht, nicht mit weißer Fahne und auch nicht mit guten Worten. Ich trete inzwischen den Rückzug aus Erfahrung an und teile den Mandantinnen und Mandanten mit, sie mögen ihr Heil direkt beim höheren Wesen suchen und sich erst wieder in meine Niederungen verirren, wenn sie es dort gefunden hätten.

Die Win-win-Situation

So frech ich das hier auch formulieren mag, beim klärenden Gespräch mit den Mandantinnen und Mandanten achte ich strikt auf eine absolut neutrale Wortwahl. Vor allem deswegen, weil es so viel mehr wunderbare *Wappentiere* gibt, die von der Schelte mitgetroffen würden und die das nicht verdient hätten. All die, mit denen ich so wunderbar zusammenarbeiten, neudeutsch: mit denen ich Synergieeffekte nutzen kann.

Vorbesprechungen, Textentwurf und Abstimmungsarbeiten mit Drittbeteiligten (etwa Steuerberatern) erledige ich vorab, bereite den Sachverhalt sozusagen schon einmal auf. Das Notariat prüft, merkt Änderungen an, macht vielleicht noch Vorschläge, stimmt ab, bis, ja, bis alle, vor allem die Mandantinnen und Mandanten, vollständig zufrieden sind. Wie in jedem guten Team bringt jeder seine Fähigkeiten ein.

Ein gutes Beispiel ist die Vermittlung der Vorgänge im kommenden Beurkundungstermin – nicht alle sind Urkundensprachprofis oder wissen, was sie im

Amtszimmer erwartet. Die daraus resultierenden Sorgen zu zerstreuen, das ist für die Notariate, geschweige denn für die Amtsträgerinnen und Amtsträger dort, oft zeitlich einfach nicht drin. Um im Bild zu bleiben: Sie führen eine Herde, ich bin Einzelgängerin, und meist kenne ich die Wurstbrotliefernden auch einfach besser.

Im Urkundstermin gibt es so für niemanden böse Überraschungen und wenn alles vorbei ist, auch bei den Rechnungen nicht. Mit einem prima Notariat mit kollegialem *Wappentier* an der Spitze wird das (bitte genderneutral zu verstehende) Dreieck Mandant – Anwalt – Notar statt zur Fresskette zur Win-win-Situation. Einer, die gerne honoriert wird – menschlich und monetär. Einer, die nach Wiederholung schreit – mit diesen Mandantinnen und Mandanten und denen, die ihnen folgen.

Mal drüber nachdenken, liebe *Mähnenschüttelnde.*

Fazit: Ein Hoch(glanzmagazin) auf meinen Beruf!

Es ist Januar, als ich dies schreibe, und im Briefkasten treffen die ersten Hochglanzmagazine des neuen Jahres ein. Abnehmtipps, Frühjahrskollektionen, Jahreshoroskope. Alles neu, alles wie gehabt.

Ich frage mich, wie wohl ein Hochglanzmagazin meines Berufes aussähe.

Fachzeitschriften gibt es – auch Magazine und Hochglanz*werbung*.

Aber ich denke an so ein schickes Hochglanzmagazin mit Fotostrecken, Savoir-vivre und Glitzer. Das haben wir doch auch!

Kaum habe ich das zu Ende gedacht, klopft mein inneres Engelchen an: „Wir wollen nicht glitzern, unsere Leistung soll das."

Ich verschlucke mich vor Lachen fast an meinem Kaffee. „Engelchen, darum ging es doch gar nicht!"

Ich meinte ein Magazin, das den Glanz, den Humor und auch die manchmal so herrliche Absurdität unseres Berufes widerspiegelt. Ein Magazin, das junge Menschen dazu bringt, sich in diesem breiten Berufsfeld zu versuchen, sich als Anwältinnen und Anwälte, Fachangestellte, Büromanagerinnen und -manager, Rechtpflegerinnen und Rechtspfleger usw. auszutoben. Ganz ohne *Lerne-und-studiere-wie-folgt*-Ernsthaftigkeit, außerhalb von mühsam ertragenen Pflichtschulpraktika und – trotz Glitzer – mit klarer Abgrenzung von amerikanischen *Suits*-Träger-Serien.

Welche Themen würden meine Januar-Titelseite zieren? Ich erlaube mir, Redaktion zu spielen. Vielleicht diese:

Das schlanke Büro – Abnehmtipps für den Verwaltungskram oder: Die aktuelle Frühjahrskollektion – wie der Büroalltag bunt wird

Das dann nicht in schwarzer Schrift auf weißem Grund über einem Bildausschnitt, sondern alles richtig frech bunt. Ohne offenherzige TV-Magazin-Dame natürlich, aber auch ohne Dauer-Mädchen-mit-dem-Perlenohrring-Anwältinnen-Foto. Stattdessen vielleicht eine freche Justitia mit *Hoodie* und *Sneakers*? Hm. Hier wird eine erfahrenere Bildredaktion gebraucht, ich bin doch eher textlastig begabt.

Ich mache mich also an den Innenteil:

Horoskop?

In die Januar-Ausgabe muss einfach ein Horoskop: „Für Zögernde im Zeichen der Waage ist die Zeit für wichtige berufliche Entscheidungen gekommen: Neue Fachliteratur anschaffen oder nicht? Alte Häsinnen und Hasen freuen sich an einer günstigen Datenkonstellation, die alle Fachprogramme fehlerfrei laufen und updaten lässt."

Der Januar hat lange 31 Tage. An irgendeinem wird das schon stimmen.

Boulevard

Ein bisschen »Wer mit wem?«. Wie gut, dass Stars so gerne Recht-Schaffendes heiraten. Da findet sich was. Ist ja irgendwie auch eine Art berufliche Aufstiegsperspektiven-Rubrik.

Im Ratgeberteil »Wie machen Sie das?«, diesmal »Wie umgehen mit der Samstagspost?«

Erbeten werden Hinweise und Erfahrungen zum

Umgang mit der Freitagabend-Arbeitswut von Kolleginnen und Kollegen, die sich samstags im realen und im digitalen Postkasten materialisiert. Eilig, versteht sich.

Da Wohnung und Büro nur durch eine Etage getrennt sind und sich den Briefkasten teilen, ist das meine immerwährende Versuchung. »Muss nur noch kurz die Welt …« Sie verstehen?

Antworten bitte ins *b*esondere *e*lektronische *A*nwaltspostfach *beA*. Da komme ich samstags nicht ran.

Kunst & Co.

Literatur, bildende Kunst, die neuesten Filme über, von und mit Juristinnen und Juristen. Altes und Neues, die gesamte Rezeption eines uralten und doch immer wieder neuen Berufsfeldes. Da fallen mir Dutzende Themenbeiträge ein. Justitia kreativ – das ging schon immer gut. Wie viele allein in meinem beruflichen Umfeld malen, bildhauern, schreiben, filmen! Ganz entgegen dem Klischee vom Auswendiglern-Berufsfeld mit extrem formalistisch denkenden Berufsträgerinnen und Berufsträgern.

Zuletzt:

Die Kategorie »Absurdes aus dem Kanzleialltag«, im Januar: »Der Saugroboter als Friedensstifter«

Darin erzähle ich, wie unsere Saug-KI die äußerst angespannten und zudem festgefahrenen Sanierungsverhandlungen eines Unternehmens in heillos-fröhliches Gelächter-Chaos verwandelte, weil jeder versuchte, dem Saugflitzer durch Füße hoch Platz zu machen (und die Schuhe zu retten). Was nach Abklingen der lachtränenreichen Begleiterscheinungen den Weg ebnete und das Unternehmen rettete. Nimm das, staubtrockenes Berufsklischee!

Das Letzte!

Ganz schön viele Themen haben wir zu bieten – auch außerhalb vom Fachlichen. Eigentlich ist für jeden was dabei. Glitzernd, absurd, kreativ.

Vielleicht wird es Zeit, unserem potenziellen Nachwuchs genau das einmal zu zeigen. Aktiv damit auf ihn zuzugehen. Es muss ja nicht gleich mit einem Hochglanzmagazin sein. Ein bisschen Glanz-Vermittlung im Alltag reicht schon.

Hiermit erkläre ich jedes Jahr zu einem Jahr, in dem wir mit der (noch) nicht-juristischen Welt Kontakt aufnehmen – und glänzen!